はじめてのゲーム理論

２つのキーワードで本質がわかる

川越敏司　著

ブルーバックス

●カバー装幀／芦澤泰偉・児崎雅淑
●カバーイラスト／安斉　将
●本文イラスト／バンチハル
●本文デザイン・図版制作／土方芳枝

はじめに

　わたしがゲーム理論に出会ったのは、大学生のときでした。アルバイト先で、隙をうかがっては仕事をさぼっている人を見て、こういう人たちをまじめに働かせるにはどうしたらよいのだろうかと考えたのがきっかけです。
「もっとまじめに働いてくださいよ！」と訴えてみても、人間関係が悪くなるばかりで、たいして効果もなさそうです。もちろん、怖い上司や先輩が怒鳴ったりすれば一時的には問題が解決するかもしれませんが、またすぐに元に戻ってしまいそうです。人の性格や態度というのはそれほどすぐに変わるものではありませんし、同じ給料をもらうのなら、まじめに働くよりもさぼったほうが得だからです。
では、暴力や脅しによらないで人をまじめに働かせる方法はないのでしょうか？

　そんなとき、ゲーム理論の考えを使えば、うまく問題を解決できるということを本で読んで知りました。そこでは、職場のルールをうまくデザインすれば、自己利益を追求しがちな人でも、仕事をさぼらなくなるようにできるとありました。人の性格を変えるのではなく、社会のルールを変えるのです。

　これはとても大きな発想の転換でした。わたしたちの社会にはさまざまなルール（法律や制度など）があります。こうしたルール（ゲーム理論ではメカニズムといいます）をうまくデザインしさえすれば、わたしたちを取り巻くいろいろな問題が解決される。それは、社会の矛盾や不正に悩む若者にとって、まったく新しい福音でした。

人間行動の原理や意思決定の原則を分析する学問であるゲーム理論を応用して、社会を変えることができる。ゲーム理論の中でもとくにこの「メカニズム・デザイン論」という研究分野に、わたしは非常に惹きつけられました。

ところが、メカニズム・デザイン論による社会の変革というわたしにとっての夢はやがて「不可能性定理」という壁にぶち当たりました。不可能性定理とは簡単にいえば、ゲーム理論による理想的なルール設計の限界を示す定理です。ゲーム理論をどんなにうまく使っても、解決できない問題が必ずあることをこの定理は示しているのです。

それ以来、なんとかこの不可能性定理から抜け出す道はないかと、大学院に進んでさらにメカニズム・デザイン論の研究を続けました。具体的には、不可能性定理が示すような問題が発生する確率を計算して、それがどれくらい深刻であるかを評価する研究をしました。しかし、ゲーム理論を深く学ぶにつれてますます、不可能性定理の深刻さを知ることになりました。

それでも「希望は失望に終わることはない」と聖書にあるように、メカニズム・デザイン論にも少しずつ新しい方法論が導入されて、不可能性定理の限界を超える道が次第に開かれてきました。そうした成功例は本書でもいくつか示していくつもりです。

こうして、メカニズム・デザイン論によって発見され、理論的には成功を約束されたルールを、被験者を集めて実験室内で検討することがわたしの主要な研究テーマになりました。実験でその性能を保証されたルールを現実社会の問題解決に用いてもらうこと、それがわたしの研究の目標になったのです。

本書はゲーム理論にはじめて出会う人のために書いた入門書です。ただし、わたし自身のこうした歩みから、ほかの多くのゲーム理論入門書に比べて、メカニズム・デザイン論に関する話題がたくさん盛り込まれています。しかし、その成果はみなさんの日常の問題解決に用いることができるものが多いので、きっとそれを知れば、実際に使ってみたくなるに違いありません。

ずいぶん前置きが長くなりました。それでは、すばらしいゲーム理論の世界へ、わたしと一緒に飛び込んでいきましょう。

はじめてのゲーム理論　目次

はじめに　3

プロローグ …11

ビジネスに生かされるゲーム理論　12
ふだんの生活でも有効なゲーム理論　13
広がるゲーム理論の世界　14
ゲーム理論の中心概念「ナッシュ均衡」　15
パレート効率性とナッシュ均衡のジレンマ　16
メカニズム・デザインと不可能性定理　17
本書のねらい　19

第1章　ナッシュ均衡とパレート効率性 …21

フォン・ノイマンのミニマックス定理　22
ミニマックス定理への失望　26
ナッシュ均衡とはなにか　28
予想された戦略が最善の戦略という状態　30
もっとも単純なナッシュ均衡の例　33
ナッシュ均衡の求め方　35
パレート効率性は「無駄がない配分」　39
囚人のジレンマ・ゲーム　40

●練習問題　44

第2章 混合戦略とナッシュ均衡 …49

アメリカの国民的ギャンブル 50
ブラフは合理的な戦略か? 51
簡略化ポーカーによる分析 52
展開形ゲームの標準化 55
支配された戦略 57
純戦略のナッシュ均衡を探す 58
混合戦略のナッシュ均衡を探す 60
ブラフは合理的な戦略である 64

●練習問題 66

第3章 協調問題 …71

2つの協調問題 72
コーディネーションの問題と「焦点」 73
非対称性のある協調問題 75
エスカレーターの協調問題 77
相関均衡と信号機 78
チキン・ゲームと相関均衡 79
「協力の発生の問題」も潜んでいる 82
チキン・ゲームにおける相関均衡 83
囚人のジレンマ・ゲームと相関均衡 86

第4章 知識と情報の問題 …89

共有知識とは何か　90
ユダヤ人の知恵　92
帽子のパズル　94
自動車保険の例　96
パスカルの賭け　98
全知のパラドックス　100
ニューカムのパラドックス　101
心理学的ゲーム理論によるパラドックスの解消　106
人間行動の機微をモデル化　109
情報の非対称性　111

第5章 メカニズム・デザイン論 …115

公平とは何か　116
ナイフ移動法（2人の場合）　117
ナイフ移動法（3人の場合）　119
ナイフ移動法の問題点　120
ソロモン王のジレンマ　122
非対称情報のもとでのゲーム設計　123
実現できない目標　126
マスキンの単調性　129
2段階ゲームによるジレンマの解消　131

第6章 不可能性定理 …137

アメリカ建国時代の議席割り当て問題 139
ハミルトン方式とアラバマ・パラドックス 139
ウェブスター方式 142
人口パラドックス 146
バリンスキー=ヤングの不可能性定理 148
コンドルセ・パラドックス 148
アローの不可能性定理 150
投票制度に求められる5つの仮定 151
仮定を満たすのは独裁制のみである 153
点数投票制度と戦略的操作 156
ルイス・キャロルの投票制度 159
ギバード=サタースウェイトの不可能性定理 160
補論 単峰的な選好と不可能性定理 162

第7章 量子ゲーム …167

ギャンブラーの錯誤とホットハンド 168
ブラックジャックとカウンティング 171
「地獄チンチロ」 173
電子スピン合わせゲーム 174
2つの状態の「重ね合わせ」 177
量子力学的戦略とは 178

電子スピン合わせゲームにおける量子力学的戦略 179
実現可能な必勝法 181
量子囚人のジレンマ・ゲーム 183
量子力学的戦略Q 187

エピローグ〜読書案内 …191

ゲーム理論の入門書 191
ゲーム理論の教科書 192
ゲーム理論の応用 193
古典・伝記 195

コラム❶ ノーベル賞を受賞したゲーム理論家たち 47
コラム❷ 宮本武蔵『五輪書』にみる混合戦略 69
コラム❸ 文学作品に描かれた囚人のジレンマ 88
コラム❹ 労働者を一生懸命働かせるには? 113
コラム❺ オークションと「勝者の呪い」 136
コラム❻ ほかにもある不可能性定理 165
コラム❼ ゲーム理論が教える割り勘の賢い方法 190

あとがき 197
巻末付録 199
参考文献 216
さくいん 221

プロローグ

みなさんはゲーム理論と聞いてどのようなことを想像するでしょうか？　おそらく、まずは将棋や囲碁、麻雀といった遊戯ゲームを想像するのではないでしょうか？　それは決して間違いではありません。

実際、このあとでもう少しくわしく説明しますが、ゲーム理論の生みの親であるアメリカの数学者ジョン・フォン・ノイマンは、もともとはポーカーというカジノでプレーされるカード・ゲームを分析するためにゲーム理論を生み出したのでした。また、フォン・ノイマンが最初の体系的研究を発表する以前に知られていたのは、エルンスト・ツェルメロという数学者による、チェスには必勝法が存在することを示す研究でした。

このように、ゲーム理論はそのはじまりの時点では、遊戯ゲームととても密接な関係のある学問でした。ところが、やがてゲーム理論は経済学において必須の分析道具とされるようになりました。

どうしてでしょうか？　それは、ゲーム理論が研究の対象としているのは、人々の間での戦略的な駆け引きだからです。

「もし相手がこの手できたら、自分はあの手で応じよう」

戦略的な駆け引きとはこのように、相手の出方を予想し、それに対する自分の最善の策を考えることです。こうした駆け引きは遊戯ゲームで頻繁に現れるだけではなく、ビジネスの現場でも不可欠なものです。

ビジネスに生かされるゲーム理論

建設会社は大きな工事契約を勝ち取るために、入札で競争しています。ほかの会社がどのような価格で入札してくるかを予想しながら、自分の会社が赤字にならない範囲でいくらなら落札できるかを考えることになります。ここに戦略的駆け引きが必要になってくるのは言うまでもありません。

アメリカなどでは携帯電話サービスの普及に伴い、これまでは政府が規制していた電波周波数帯を民間企業に売却する際に、ゲーム理論に基づいた分析を通じて最適な販売方法が考案され、用いられていました。1990年代にアメリカの連邦通信委員会は、問題の多かったヒアリングやくじ引きによる配分に代えて、オークションによって周波数帯を配分することに決めたのです。このとき、業者に適切に周波数帯を配分しながら、なるべく市場価格に近い価格で販売するにはどうしたらよいかという問題を解くために、ゲーム理論が用いられました。

医学部を卒業した研修医を、どの病院に配属して研修させるかという問題についても、ゲーム理論の研究が役立っています。この場合、研修医には、内科や小児科など、なるべく自分が研修を受けたい部門に配属されたいという希望があります。一方、病院側でも指導する側の医師の数などにより、どの部門で研修医を迎えたいかについて希望をもっているはずです。この両者の希望を最大限生かして配属するしくみが、ゲーム理論によって考案されてアメリカなどで実用化され、最近は日本でも用いられるようになってきています。

このように、ビジネスや社会の現場ではゲーム理論はなくてはならない分析道具としての地位を獲得しているのです。

ふだんの生活でも有効なゲーム理論

しかし、ゲーム理論が有効なのはビジネスの現場だけではありません。

たとえば、1つしかないケーキを2人の兄弟でどちらにも不満がないように分けさせるには、どうすればよいでしょうか？　子供というのは自分のことしか考えられない場合が多いですから「兄弟仲よく分けっこしなさい」と言うだけではうまくいかないこともしばしばです。こうしたとき、ゲーム理論が役に立ちます。

ひとつの方法は、兄にケーキを半分に切らせて、弟にどちらか好きなほうを選ばせるというものです。兄は残ったほうのケーキをもらいます。これを「カット＆チューズ法」と呼びます。

この方法では、ケーキを切る兄は、あとで弟がどちらを選ぶかを予想したうえでケーキの切り方を考えなくてはならないという意味で、戦略的駆け引きが必要な「ゲーム」になっています。結局、切ったケーキのうち弟がどちらを選んでも自分が損しないように、兄はケーキをちょうど半分の位置で切ることになるはずです。

この方法はほかにもいろいろと使い道があります。たとえば、都会のアパートでルームシェアをしていた2人が、大学卒業の機会にそれぞれ別の地へと旅立つことになったとしましょう。ところが、部屋には２人が共有してきたテーブルや冷蔵庫、テレビに洋服ダンスなどがあります。これらの一部は粗大ごみとして処分するか、リサイクルショップに売ることになるでしょうが、一部は新しい住まいに持っていきたいかもしれません。そのとき、これらの家財道具を２人で公平に分けるために、やはりこの方法が使えます。

まず、２人の間で分けるべき物品の名前を上から下へ順に並べたリストを作ります。次に、２人のうちどちらかが、そのリストを上下半分に分ける線を好きな位置に引きます。そのあともう１人が、リストの上・下どちらか好きなほうを選びます。

この方法もケーキ・カットの場合と同じく、最初にリストを２つに分ける側の人は、上下どちらのリストも（なるべく）同じ価値になるように分けることになるはずです。

このように、ゲーム理論はわたしたちの日常生活上の諸問題を解決する処方箋も与えてくれる便利な道具なのです。

広がるゲーム理論の世界

遊戯ゲームの研究からはじまり、ビジネス・経済から日常生活に至るまで問題解決に盛んに応用されているゲーム理論ですが、その適用先はさらに広がりを見せています。今日では、生物学や物理学といった自然科学の世界にもゲーム理論は応用されているのです。

生物学の世界では、「進化ゲーム」と呼ばれるゲーム理論が盛んに研究されています。物理学では「量子ゲーム」

が最近のホット・トピックになっています。

進化ゲームでは、チャールズ・ダーウィンが『種の起源』で示した自然選択のしくみをベースにゲーム理論の考えを取り入れて、生物進化の謎を解き明かすのに貢献しています。

量子ゲームでは、現在盛んに研究が続けられている量子コンピューティングや量子通信といった、量子力学を応用した超高速計算・通信技術によってはじめて可能になる戦略を考慮に入れたゲーム理論が研究されています。

それだけではありません。ゲーム理論は、いまでは政治学、社会学、心理学、脳科学、認知科学、人工知能など、人間や生物、あるいはロボットなどの戦略的行動や意思決定がかかわる幅広い分野において、重要な分析道具として活躍しているのです。

このゲーム理論とはどのような学問なのか？　その内容をできるだけわかりやすくお伝えし、なおかつその適用の広がりについてもお知らせしようというのが本書のねらいです。

ゲーム理論の中心概念「ナッシュ均衡」

ゲーム理論を理解する第一歩は**ナッシュ均衡**とは何かを知ることです。ナッシュ均衡こそ、現代のゲーム理論においてもっとも重要な概念なのです。

なぜかというと、ゲーム理論では戦略的駆け引きをナッシュ均衡という形で理論化しているからです。戦略的駆け引きとは、さきほど述べたように「相手の出方を予想し、それに対する自分の最善の策を考える」ことでした。ナッシュ均衡とは、この考え方を表現したものにほかなりません。ですから、ゲーム理論を理解するには、まずナッシュ均衡を理解しないといけないわけです。

くわしくは次の章で説明していきますが、与えられた意思決定状況で、ナッシュ均衡が何であるかを探し求めること、これがゲーム理論による分析の第一歩なのです。

パレート効率性とナッシュ均衡のジレンマ

ゲーム理論を理解するうえでもう1つ重要な概念があります。それは**パレート効率性**です。パレート効率性とは簡単にいえば、結果の「善し悪し」を決める基準のようなものです。

さきほど述べたナッシュ均衡を求めれば、与えられた意思決定状況下でプレーヤー（意思決定をする人）は互いに最善の選択をしたことになります。ところが、この最善の選択が、必ずしもよいものであるとは限らないのです。

実は、ナッシュ均衡には重要な前提があります。それは、プレーヤーは「あくまで自分の利益だけを考える」という前提です。自分の利益さえ高ければ、相手の利益がいくら低くなっても気にしない。そういう利己的な人を想定しているのです。

ところが、そうした利己的な人にとっての最善の意思決定は、必ずしも自分と相手双方にとって最善の意思決定となるという保証はありません。これもあとでくわしく述べますが、パレート効率性とは、自分と相手双方にとって最善な結果であると理解してください。

残念ながら、多くの意思決定状況では、ナッシュ均衡はパレート効率的な結果になりません。つまり、各自が自分のことだけを考えて行動すると、結局みんなが不幸になるという結果になることが少なくないのです。

たとえば、2人でチームを組んであるプロジェクトに取り組んでいるとしましょう。プロジェクトが成功するかどうかは、2人がプロジェクトのために費やした時間の合計にかかっているものとします。

一生懸命働くと、それだけ余暇が削られ、個人的には損になります。しかしプロジェクトが成功すれば、昇進・昇給が期待できます。こんなとき、どのように行動すべきでしょうか？

ナッシュ均衡に従って考えると、人はあくまで自分の利益だけを考えて行動するので、相手が努力してくれているかぎり、相手の努力にただ乗りして自分は何もしないほうがよいことになります。2人ともそう考えると、結局、どちらも努力しないためにプロジェクトは失敗に終わり、せっかくの昇進・昇給の機会を失ってしまいます。

ところが、2人がお互いの利益を考えて協力して取り組めば、プロジェクトは成功し、ともに昇進・昇給するという双方にとって最善の結果になります。これがパレート効率的な結果です。

このように、ナッシュ均衡とパレート効率的な結果は異なる場合があるのです。

メカニズム・デザインと不可能性定理

こう書くと、だったらはじめからみんながパレート効率性だけに従って行動すればよいのではないかと考える人もいるでしょう。でも、そうはいかないのです。

実際には、人が利己的な行動（ナッシュ均衡）をとるのを止めるよう強制する手段がないという状況のほうが多いのです。先に述べたケーキ・カットの例を思い出しても、幼い兄弟に公平に分けることを強制するのはなかなか難しいものです。

では、どうしたらよいのでしょうか？　その答えは、ゲームのルールを変えることです。双方の利害に関係のない第三者が、ゲームに新しいルールを導入するのです。ちょうど、ケーキ・カットの問題でカット&チューズ法を導入したようにです。

このとき理想的なのは、あくまで自分の利益を追求する利己的な人でも、最善の策（つまりナッシュ均衡）を考えていけば、みんなにとってよい（パレート効率的な）結果に知らず知らずのうちに導かれてしまう、そんなルールをデザインすることです。それがまさに、ゲーム理論における**メカニズム・デザイン**という研究分野が課題としている問題です。

このように、ナッシュ均衡をどうにかしてパレート効率的な結果へと導いていくルールを考え出すことが、ゲーム理論において非常に重要な研究テーマなのです。

しかし、残念ながらどんな場合でもうまいルールがデザインできるとは限りません。「はじめに」でも述べたように、むしろ、どんなに工夫しても、問題をうまく解決するルールをデザインすることはできないという**不可能性定理**さえ知られているのです！

本書のねらい

「何事もはじめは難しい」という有名な格言があります。それはゲーム理論についても例外ではありません。一つの学問を習得するには、結局は砂をかむような思いで一歩一歩進んでいかなければいけないものです。しかし、学ぶにあたっては目標が必要です。

本書では、通常の入門書ではなかなか取り扱われない進んだ話題を大胆に取り入れながら、わたしたち研究者がゲーム理論のどこを面白いと思っているのかを読者のみなさんに伝えたいと考えました。ゲーム理論を学ぶとこんな面白いことが理解できるようになる。読者がそんな気持ちになれるような本にしようと願って、あえて難しい上級レベルの題材も取り入れてみました。

ゲーム理論は、わたしたちを取り巻く問題を未然に防ぐ理想の社会が実現可能かどうかといった、もっと深刻で重要な問題にも光を投げかけてくれます。さきほど述べた不可能性定理とはいったいどのようなものなのか、早く知りたくて読者のみなさんはうずうずしているのではないでしょうか。

さらに、ギャンブルの分析をきっかけにして生まれたゲーム理論が、経済学のみならず現在では自然科学にも応用されていると述べましたが、とくに本書では最終章で、最先端の話題として「量子ゲーム」にも焦点を当てました。日本人の貢献も多い分野ですので、やがて専門家の手による解説書が出てくると思いますが、本書はその予告編として、その内容を楽しい例を通じて解説しています。どうぞご期待ください。

もちろん、高校生からでも理解できるように説明には工夫をしているつもりです。ゲーム理論は数学者によって生み出された数理科学の一分野ですから、専門的なレベルまで習得するには数学的訓練が欠かせませんが、なるべく式の計算をしないでも理解できるようにしました。どうしても必要な計算や証明などは巻末付録にまとめましたので、興味ある読者はそちらも参照してください。

本書を読んだみなさんが、さらにゲーム理論を深く学びたいという気持ちになってくだされば、これに過ぎた喜びはありません。幸いわが国ではすぐれたゲーム理論の教科書が数多く出版されていますので、本書を読み終えたらぜひ手にとってみてください。

第1章 ナッシュ均衡とパレート効率性

この章では、まずゲーム理論の草創期に貢献した２人の学者の研究を中心に、ゲーム理論の歴史を簡単に紹介したあと、プロローグでも触れたゲーム理論における最重要概念である**ナッシュ均衡**と**パレート効率性**についてよりくわしく説明します。

フォン・ノイマンのミニマックス定理

「ミニマックス、つまり人生という偉大なるゲームに生きのびる方法は、二十世紀の数学者フォン・ノイマンとモルゲンシュテルンの二人によって考えだされた。この方法は第二次世界大戦、朝鮮戦争、そして最終戦争に採択された。軍事専門家についで資本家がこの学説を採用した。二十世紀中葉、フォン・ノイマンは、US原子力委員会に招聘された。彼の学説の重要性が認識されたためである。その後二世紀半を経てそれは政府の基盤となった」（フィリップ・K・ディック『偶然世界』ハヤカワ文庫、p.30より）

この文章は、SF映画『ブレードランナー』『トータル・リコール』『マイノリティ・リポート』『アジャストメント』などの原作者であるフィリップ・K・ディックが1955年に出版した処女長編『偶然世界』（原題は*Solar Lottery*：太陽くじ）から引用したものです。

「２人ゼロ和ゲーム」（一方の利益が他方の損失となるゲーム）の中心的理論である「ミニマックス定理」を、20世紀最大の数学者・科学者の一人であるフォン・ノイマンが証明したのは1928年のことでした。

２人ゼロ和ゲームとは、将棋や囲碁のように勝ちと負けと引き分けしか存在しないゲームのことです。たとえば、勝ちを1点、負けを－1点、引き分けを0点とすると、勝負の結果、2人のプレーヤーが得る得点の合計はつねに0点になっています。こうした性質を持つゲームはすべて2人ゼロ和ゲームです。

ミニマックス定理とは、この2人ゼロ和ゲームにおいてはナッシュ均衡がつねに存在することを示した定理です。あとで説明しますが、ナッシュ均衡とはゲームにおける解（答え）です。ただし、当時はまだナッシュ均衡という考え方は発見されていませんでしたから、ノイマンはナッシュ均衡のことを「ミニマックス解」と呼んでいました。

無類のポーカー好きであったノイマンは、ポーカーにおいてはブラフ（はったり）という戦術が不可欠であることを数学的に証明しようとしました。ポーカーもまた2人ゼロ和ゲームです。その研究の成果がミニマックス定理であり、この定理の証明によって、ゲーム理論というまったく新しい数理科学の一分野が切り開かれたのでした。

ジョン・フォン・ノイマン

ノイマン以前にも、ゲーム理論の先駆となる業績を残した研究者はいました。フランスの数学者アントワーヌ・オーギュスタン・クールノーは、市場にごく少数の競争者しかいない場合（寡占といいます）について分析するために、現在、ナッシュ均衡として知られているものとほぼ同等の概念を用いていました。同じくフランスの数学者エミール・ボレルは、ノイマンと同様に２人ゼロ和ゲームを分析し、いくつかの例についてミニマックス定理が成立することを確かめましたが、一般にはミニマックス定理は誤りだと考えていました。

それに対してノイマンは、1928年の論文において、すべての２人ゼロ和ゲームにおいてミニマックス定理が成り立つことを証明したのです。しかし、この結果は、その時点では一部の数学者の間でしか知られませんでした。

ノイマンによるこの革命的な業績が世界的に知られるようになったのは、経済学者オスカー・モルゲンシュテルンが、ゲーム理論を経済学に応用することをノイマンに示唆したことがきっかけでした。ノイマンはモルゲンシュテルンの要請に応えて、ゲーム理論を２人ゲームから３人、４人、５人、そして一般にN人ゲームの場合にまで拡張することに成功しました。ノイマンとモルゲンシュテルンはその成果を、600ページを超える大著『ゲームの理論と経済行動』としてまとめ、1944年に出版したのでした。

２人の予想に反して、この本はすぐには注目されませんでした。第二次世界大戦中だったからですが、戦後、1953年に再刊されると、一転して爆発的な売れ行きを見せます。ゲーム理論はそれまでの経済学をすべて時代遅れにするものと思われたのです。

さきほど引用したディックの『偶然世界』は、『ゲームの理論と経済行動』が再刊されてわずか２年後に出版されていることに注目してください。まだ生まれて間もないゲーム理論をさっそく作品世界に導入していくディックの手腕はさすがですね。のちに世界的な作家となる彼のこの慧《けい》眼《がん》には、感嘆せざるをえません。

しかし、専門的な数学のトレーニングを受けていないディックが、『ゲームの理論と経済行動』のような大部の研究書を読み解けたとは、わたしにはとても思えません。おそらく彼はそれ以前に、その当時よく読まれたゲーム理論に関する最初の概説書を読んでいたのでしょう。その概説書とは、『フォーチュン』誌の記者であったジョン・マクドナルドが書いた『ポーカー、ビジネス、および戦争における戦略』という本で、1950年に出版されています。事実、『偶然世界』の冒頭には、マクドナルドの本から次のような文がエピグラフとして掲げられています。

「すぐれた理論は『ミニマックス』の原理の採用を必要とする。つまり、相手に自分の手の内を見破られるかもしれないという仮定の下に、可能な最大と最小の利得の範囲が指定されるような原則の採用である。しかし、自分の手の内が相手に見破られるのを避けるためには、確率的なプレーによる戦略のランダム化によって、特定のプレーのパターンを隠蔽しなければならない。こうして、最大利得や最低利得ではなく、むしろ平均的な（統計的な）結果が、相手が何を選ぶかに関係なく得られるのである。」

（John McDonald, *Strategy in Poker, Business & War*, W. W. Norton, PP. 68-69）

ミニマックス定理への失望

このマクドナルドの本の影響かもしれませんが、当時、多くのギャンブラーたちが、ポーカーの必勝法が記されているかもしれないと期待して『ゲームの理論と経済行動』を手に入れたようです。しかし、確かにそこにはポーカーというゲームのくわしい分析があるものの、おそらく現場のギャンブラーにとっては（仮にその数理が理解できたとしても）何の役にも立たない代物であったと想像されます。

経済学を革命的に変えてしまうかもしれないと予想された『ゲームの理論と経済行動』は、こうしたギャンブラーたちによる誤解を別にしても、やがてもっと専門的な学者たちにとっても失望をもたらすものになってしまいます。それは、そこに示されたゼロ和ゲームの理論の適用範囲があまりにも狭いものだったからです。

たとえばゼロ和ゲームでは、自分と相手は完全に対立的な状況であると考えます。つまり、互いに敵どうしであるとします。しかし、経済学が対象とする取引の中には、相手と協定を結ぶなど、必ずしも対立的であるとは限らないものが存在します。そうした取引はゼロ和ゲームではうまく分析できなかったのです。

また、ゼロ和ゲームの基礎理論であるミニマックス定理は、プレーヤーの悲観的な予想、すなわち、自分が選ぶどんな戦略に対しても、相手は自分の結果が最悪になるような戦略で応えてくると想定します。しかし、この仮定はゼロ和ではないゲームでは、あまり適切な想定とはいえないものでした。

ジョン・ナッシュ

こうした事実が明らかになるにつれて、ゲーム理論への当初の期待も、影をひそめるようになってきたのです。

そんな危機的状況を救うべく現れた(正確には再発見された)のが、ナッシュ均衡という理論でした。ナッシュ均衡とは、アメリカの数学者ジョン・ナッシュが1950年に編み出した「非ゼロ和ゲーム」に対する解概念です。

ナッシュの人生はドラマティックです。ナッシュ均衡を生み出したとき、彼はまだ20歳過ぎの若者でした。天才の名をほしいままにしたナッシュは、ゲーム理論に関してほかに「交渉問題」という重要な論文を書き、さらには純粋数学の方面でも業績をあげ、将来を期待されていました。ところが、ふいに精神疾患が彼を襲い、以後、隠遁《いんとん》生活を余儀なくされてしまうのです。

それから瞬く間に40年が過ぎた1994年のこと、奇跡的に復活した彼を待っていたのは、ノーベル経済学賞受賞の知らせでした。ナッシュのこの劇的な生涯は、シルヴィア・ナサーによる伝記に記されているほか、それをもとにした映画『ビューティフル・マインド』によって世界中に知られるようになりました。

ナッシュ均衡とはなにか

ゲーム理論では、ある意思決定状況（ゲーム）において各プレーヤーにとって最善の選択は何かを決定する「ゲームの解」というものを求めます。このゲームの解のことを一般に「均衡」と呼びます。

均衡とは、プレーヤーたちがある種の基準で行動を選択する際に、最善と判断される状態です。物理学における「平衡状態」と同じ意味の言葉で、その状態に到達したらそれ以上は変化しない、ある種の安定状態のことです。

ノイマンのミニマックス解を含め、ゲーム理論では多くの種類の均衡が提案されています。それぞれは均衡概念と呼ばれ、プレーヤーが従う行動基準は均衡概念ごとに異なります。ナッシュが提案したナッシュ均衡もまた、こうした均衡概念のひとつです。

では、２人ゲームに限定して、ナッシュ均衡の概念とはどのようなものなのかを、まずは数式を使って定義してみます。数式が苦手でない方には、言葉で説明するよりむしろ理解しやすいかもしれません。

数式で表すナッシュ均衡の定義

$$u_1(x^*, y^*) \geq u_1(x, y^*)$$
$$u_2(x^*, y^*) \geq u_2(x^*, y)$$

プレーヤー１が戦略x、プレーヤー２が戦略yを用いるとき、１の利得を$u_1(x, y)$、２の利得を$u_2(x, y)$と表すとします。このとき、ある戦略の組み合わせ(x^*, y^*)がナッシュ均衡であるのは、ほかのどのようなx（$\neq x^*$）、y（$\neq y^*$）に対しても、この2つの式が同時に成り立つときです（**利得**とは、その選択によって得られる利益や満足感などのことです）。

2つの式のうち、上の式は、プレーヤー2がナッシュ均衡戦略y^*を選んだときは、プレーヤー1もまたナッシュ均衡戦略x^*を選んだほうが、それ以外の戦略xを選ぶより利得が高いという意味です。下の式は、プレーヤー1がナッシュ均衡戦略x^*を選んだときは、プレーヤー2もまたナッシュ均衡戦略y^*を選んだほうが、それ以外の戦略yを選ぶよりも利得が高いという意味です。

この2つの条件が同時に成り立っているとき、(x^*, y^*)という戦略の組み合わせをナッシュ均衡といいます。

すでに述べたように均衡とは、一度その状態に到達したら、プレーヤーたちは互いにその選択を変えたくないような安定した状態のことです。ナッシュ均衡もこの条件を満たしていることを、この式を見ながら説明します。

(x^*, y^*)という戦略の組がナッシュ均衡ならば、上の式から、プレーヤー2がy^*を選んだとき、プレーヤー1はx^*を選んだときの利得$u_1(x^*, y^*)$が、x^*以外のどの戦略xを選んだときの利得$u_1(x, y^*)$よりも高くなります。したがってプレーヤー1には、x^*をほかの戦略xに切り替える動機は生まれません。

同様に、下の式からプレーヤー2も、プレーヤー1がx^*を選んでいるかぎり、y^*をほかの戦略yに切り替えようとしないはずです。

このようにナッシュ均衡は、プレーヤーの戦略選択において安定な状態といえるのです。

予想された戦略が最善の戦略という状態

ところで、いま数式で示したナッシュ均衡の定義は、次のように解釈することもできます。

もう一度、1つめの式を見てください。プレーヤー1はもしプレーヤー2の戦略がy^*であるとあらかじめ予想できた場合、x^*が最善の戦略ということになります。また、定義の2つめの式を見ますと、プレーヤー2は、もしプレーヤー1の戦略がx^*であると予想できた場合、y^*が最善の戦略ということになります。

しかし、考えてみればこれは不思議な話です。プレーヤー1はそもそも、相手の戦略がy^*であるという予想のもとに戦略x^*を選んだはずです。にもかかわらず、プレーヤー1の戦略x^*に対するプレーヤー2の最善の戦略は、y^*になっているのです。

つまり、自分も相手も、**お互いに相手の予想通りの戦略を選ぶことが、お互いにとって最善になっている状態**が、ナッシュ均衡なのです（図1－1）。

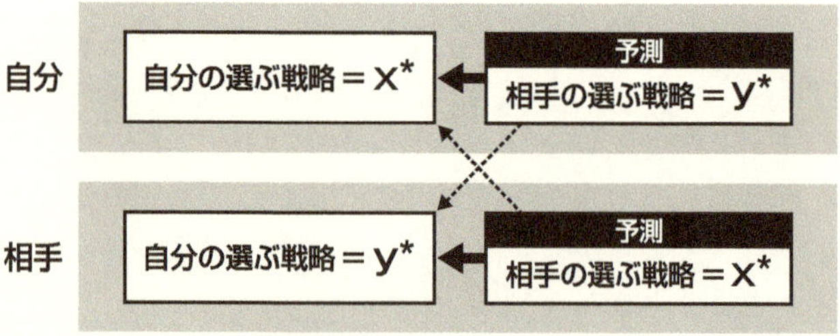

図1－1　ナッシュ均衡の構造

この解釈は若干ややこしく感じるかもしれません。しかし、これは「相手がこうくるなら、自分はこうする」といったゲームやスポーツで見られる駆け引きを、極限まで突きつめた末に到達する、ある意味で理想的な状態を表していると考えると、しっくりするのではないでしょうか。

こうした駆け引きでは、はじめは相手の出方について間違った予想をするかもしれません。しかし、だんだんと予想が当たるようになり、最終的には相手の出方を正確に予想できるようになります。このとき、相手も同じように自分の出方についての予想を更新しています。そのようして互いに、もう相手の出方についての予想をそれ以上は更新しなくてよい状態、つまり「相手の出方を完璧に予想できている状態」に達したとき、それがナッシュ均衡なのです。

抽象的な説明が続いて疲れてしまったかと思いますので、ここで1つの例を考えてみましょう。

たとえばいま、別々の方向から走ってきた2台の車が、信号のない交差点にさしかかっているとします。どちらかが一時停止しないと、このままでは正面衝突は避けられませんが、どちらの車も先を急いでいて、停止はしたくないと思っています。このような状況をひとつのゲームとして考えて、ナッシュ均衡を探ってみます。

それぞれの車がとりうる選択肢は「直進」か「停止」です。したがって、両者の選択の組み合わせは（直進、直進）、（直進、停止）、（停止、直進）、（停止、停止）の4通りです。では、このなかでナッシュ均衡の定義にみあっているのはどの組み合わせでしょうか？

まず、（直進、直進）という組は、ナッシュ均衡になりません。衝突してしまうからです。そうなるくらいならお互い、道を譲ったほうがましです。言い換えれば相手が直進すると予想するなら、自分は直進より停止のほうがよいのですから（直進、直進）よりは（停止、直進）のほうが、利得が高いことになります。よって（直進、直進）はナッシュ均衡にはなりません。同様に（停止、停止）もナッシュ均衡にはなりません。相手が停止すると予想できれば、自分は直進するほうが利得は高くなるからです。

次に、相手が停止すると予想したうえで、自分が直進する（直進、停止）を考えてみます。相手が停止するなら、自分は直進したほうが得なのはいうまでもありません。では相手にとってはどうでしょうか？　自分が直進すると予想している相手は、そのまま直進すれば衝突です。停止すればそれを避けられるのですから、停止したほうが有利です。このように（直進、停止）という組は、お互い相手の

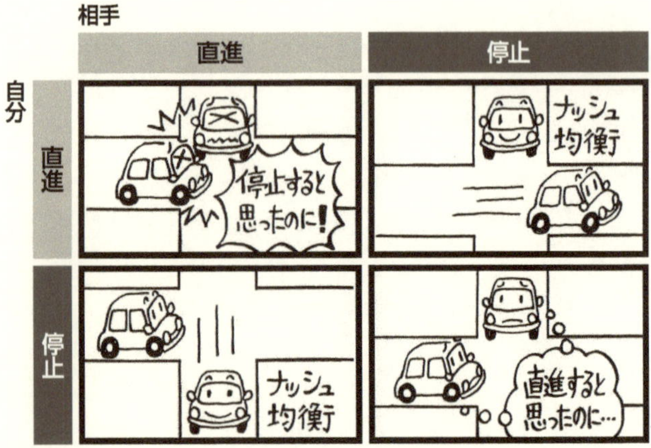

出方を予想して最善の策を選ぶと、それが相手の予想と完全に一致している状態なので、ナッシュ均衡です。同様に（停止、直進）も、ナッシュ均衡です。

実はノイマンが考察したゼロ和ゲームにおいては、ナッシュ均衡とミニマックス解は完全に一致します。しかしナッシュ均衡は、ゼロ和ではないゲームにまで拡張して使うことができます。したがって現在ではナッシュ均衡がゲーム理論においてもっとも標準的な解概念になっています。

もっとも単純なナッシュ均衡の例

ナッシュ均衡のもっとも単純な例として、ナッシュ自身が考察した2人交渉ゲームがあります。ここでは、100万円のお金を2人で分け合うという設定にしてこの問題を考えてみます。

2人が同時に0円から100万円までの額のうちどれか1つを選びます（金額は1万円単位とします）。2人の選んだ額の合計が100万円以下ならば選んだ通りの額が配分されますが、合計が100万円を超えると、2人とも何ももらえないものとします。

この状況でみなさんなら、どのような金額を選択するでしょうか。おそらく、相手はちょうど半分の50万円を選択してくると予想して、自分も50万円を選択するという人が多いのではないでしょうか。もちろん、この選択はナッシュ均衡にあてはまります。

しかし、この組み合わせだけがナッシュ均衡というわけではありません。

仮にいまあなたが、なんらかの理由で、相手が要求してくる額が68万円であると予想できるとします。たとえば以前からのつきあいで、相手が貪欲でアグレッシブな人であると知っているため、このゲームでもそのような態度で来ると予想できているとしましょう。このとき、あなたの利益を最大にするのは32万円のはずです。32万円より高い金額を要求したら合計金額が100万円を超えるので利益はゼロになってしまいますし、32万円より低い額を要求したら、みすみす32万円をもらうチャンスを失うからです。つまり、相手が68万円を選ぶという予想が成り立つとき、あなたにとって最適の戦略は32万円を選ぶことです。

逆に相手の立場で考えてみますと、あなたが32万円を要求してくると予想したうえで、自分の利益を最大にするような金額を選ぶことになります。したがって、68万円を選ぶのが最適の戦略となります。

この場合、お互いに相手の選ぶ金額を予想し、その予想のもとで自分の利益を最大にする金額が、お互いに相手の予想した金額と完全に一致していますから、これはナッシュ均衡です。

これと同様の議論によって、合計がちょうど100万円になるあらゆる要求額の組み合わせは、すべてナッシュ均衡であることがわかります。つまり、ひとつのゲームにおけるナッシュ均衡は、必ずしも１通りだけではないのです。

ナッシュ均衡の求め方

今度は次のようなゲームについて考えてみます。

男性のＡさんと女性のＢさんがお互いに休日の過ごし方を考えているとします。お互いに相手に好意をもっていますが、まだその気持ちを打ち明けてはいません。携帯電話の番号も交換していないとします。互いに音楽が好きで、その休日に予定されているロック・コンサートかジャズ・セッションのどちらかに行くつもりですが、お互いに相手がどちらに行くつもりなのかは知らないとします。２人にとっては、同じ場所に行ければより親密になるチャンスが生まれるので大変好ましいのですが、互いに別々の場所に行けば何も進展せず残念な結果になってしまいます。さらに、Ａさんはできればロック・コンサートに行きたいのですが、Ｂさんはジャズのほうが好みだとします。

では、この状況をゲーム理論を使って分析して、ＡさんとＢさんはどのような選択をすべきかを考えてみましょう。

はじめに、それぞれのケースの利得を数値化します。ここでは利得を次のように考えることにします。

選ぶ音楽は好みで、かつ相手にも会える……3
選ぶ音楽は好みでないが、相手に会える……2
選ぶ音楽は好みだが、相手には会えない……1
選ぶ音楽は好みでなく、相手に会えない……0

次に、この状況を表にしてみます（表1－1）。いちばん上の左の表がAさんの利得です。Aさんの利得はロックに行ってBさんに会えた場合が最大で3、ジャズに行ってBさんに会えなかった場合が最小で0です。

その隣の表がBさんの利得です。Bさんの利得はジャズに行ってAさんに会えた場合が最大で3、ロックに行ってAさんに会えなかった場合が最小で0となっています。

この2つの表を、1つに組み合わせたものが下の表です。それぞれのマス目（セル）に数字が2つ並んでいるのは、左側がAさん、右側がBさんの利得です。このように、2人のプレーヤーの利得を1つの表にしたものを**利得表**といいます。ゲーム理論では、まず利得表をつくり、これをもとに、それぞれの場合に利得はどうなるのかを調べることからゲームの分析が始まるのです。

では、この利得表をもとに、ナッシュ均衡となる選択の組み合わせを探してみましょう。

まず、Aさんの立場で考えてみます。Aさんが、Bさんはロックを選ぶと予想するとします。このときAさんは自分もロックを選べば利得は3ですが、ジャズを選べば利得は0になってしまいます。したがって、ロックを選ぶことがAさんの最善の戦略となります。

次にBさんの立場で考えてみます。Bさんが、Aさんはロックを選ぶと予想するとします。このときBさんは自分

Aさんの利得

A＼B	ロック	ジャズ
ロック	3	1
ジャズ	0	2

Bさんの利得

A＼B	ロック	ジャズ
ロック	2	1
ジャズ	0	3

利得表

A＼B	ロック	ジャズ
ロック	3 , 2	1 , 1
ジャズ	0 , 0	2 , 3

⋮

A＼B	ロック	ジャズ
ロック	③ , 2	1 , 1
ジャズ	0 , 0	2 , 3

Aさんが、
「Bさんはロックを選ぶ」
と予想したとき、
Aさんは**ロック**を選べば利得は最大になる

A＼B	ロック	ジャズ
ロック	3 , ②	1 , 1
ジャズ	0 , 0	2 , 3

Bさんが、
「Aさんはロックを選ぶ」
と予想したとき、
Bさんは**ロック**を選べば利得は最大になる

A＼B	ロック	ジャズ
ロック	③ , ②	1 , 1
ジャズ	0 , 0	2 , 3

したがって、お互いに相手が**ロック**を選ぶと予想したときは、自分も**ロック**を選べば**ナッシュ均衡**となる

表1－1　利得表からナッシュ均衡を求める

もロックを選べば利得は２ですが、ジャズを選べば利得は１です。したがって、ロックを選ぶことがＢさんの最善の戦略となります。

こうして、お互いに相手がロックを選ぶと予想したときは自分もロックを選ぶことが、お互いにとって最善の戦略であることがわかりました。そして、その選択はもともとの相手の予想と一致しています。したがってこのゲームでは（ロック、ロック）という戦略の組み合わせがナッシュ均衡となるのです。

同様に考えて、お互いに相手がジャズを選ぶと予想するときは（ジャズ、ジャズ）という組み合わせがナッシュ均衡になります。つまり、このゲームには２つのナッシュ均衡があるのです。利得表で確かめてみてください。

ナッシュ均衡かそうでないかは、その組み合わせが安定したものであるかどうかで見分けることができます。このゲームでいえば、たとえば（ジャズ、ジャズ）を選んだ２人が翌週も同じ選択を迫られたとき、前回は好みでない音楽を選んだＡさんはジャズからロックに選択を変えようとするかもしれません。しかしＢさんが前回同様にジャズを選ぶと予想されれば、やはりＡさんもジャズのままでいたほうがよいはずです。したがって（ジャズ、ジャズ）の組み合わせは安定したものであり、ナッシュ均衡なのです。

なお、このゲームではお互いに相手と同じ戦略を選ぶ組み合わせ（ロックとロック、あるいはジャズとジャズ）がナッシュ均衡になりましたが、ゲームによってはお互いに相手と違う戦略を選ぶことがナッシュ均衡になる場合もあります。さきほどあげた、交差点に向かう２台の車の例がそれにあたります（相手が「直進」なら「停止」を選ぶのがナッシュ均衡。このゲームの利得表は81ページに示しています）。ナッシュ均衡を探すには、利得表をもとにひとつひとつ点検することが大切です。

パレート効率性は「無駄がない配分」

ナッシュ均衡においては、どのプレーヤーも自分の利得を最大化する選択をしています。個人的にみれば、もちろんこれは合理的な選択です。しかし、ナッシュ均衡が選び出す結果は、プレーヤー双方の利益という観点でみれば、必ずしも最善のものとは限りません。

ここで、プレーヤー全員の利益でみた場合の最善とは何かについて定義しておく必要があります。ゲーム理論では、これについて考えるときに**パレート効率性**という基準を用います。少し難しい言い方になりますが、あるゲームの結果が、**一方の利得を下げないではもう一方の利得を上げることのできない状態にあるとき、パレート効率的であるといいます。**

ここで使われる「効率性」という言葉は、日常語での効率性、すなわち「無駄がないこと」と同義です。次の例をみれば、そのことがわかると思います。

いま、ある資源を２人で無駄なく分け合っているとします。このとき、一方のプレーヤーが自分の取り分を増やそうと思えば、相手の取り分を奪うしかありません。この状況は、まさにパレート効率性の基準にかなっています。逆に、相手の利得を下げなくても自分の利得を上げることができるなら、それはパレート効率的ではありません。

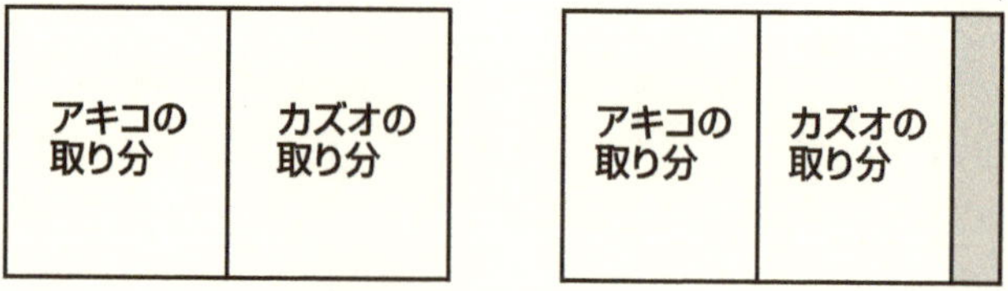

図１－２　パレート効率的な配分とは

たとえば、アキコとカズオがある一定の土地を分割する場合を考えてみます。図１－２の左では、与えられた土地を２人でくまなく分け合っていて、アキコが自分の取り分を増やそうと思ったら、カズオの取り分を奪うしかありません。したがって、この分割はパレート効率性の基準を満たしています。一方、図１－２の右では、カズオが自分の取り分を増やそうと思ったら、アキコの取り分を奪わなくても、余っているグレーの部分の土地を取ればすみます。このような状況はパレート効率的とはいえません。

日常語で言う「無駄」がなく配分している状態がパレート効率的で、「無駄」のある配分がパレート効率的ではないということがわかると思います。

囚人のジレンマ・ゲーム

では、ナッシュ均衡がパレート効率的ではないとはどういうことでしょうか。それを示したのが「囚人のジレンマ・ゲーム」といわれる問題です。これはアメリカの数学者アルバート・タッカーらが考案したゲーム理論では有名な問題で、次のような状況を考えます。

共謀して重大な罪を犯した疑いのある２人の犯罪者Ｘと

Ｙが、ある軽微な犯罪で検挙され、お互いにコミュニケーションがとれない独房に収監されています。２人には、このまま黙秘を続ける（Ｃ）、罪を自白する（Ｄ）、という２つの選択肢があります。

２人がともに黙秘を続けるなら、軽微な刑罰を受けるだけですみます（利得は３）。

２人とも自白したなら、重大な犯罪が暴露されて重い刑罰に服するしかありませんが、自白したことで情状酌量される余地があります（利得は１）。

一方が黙秘しているときに他方が司法取引に応じて自白すれば、自白した側は無罪放免され（利得は４）、黙秘した側は情状酌量の余地なく重罪に問われます（利得は０）。

これらの結果を利得表に示します（表１－２）。各セル内の数字のうち、左側がＸの、右側がＹの利得です。

結論からいうと、このゲームにおけるナッシュ均衡は互いにＤを選ぶことです。

まず、プレーヤーＸについて考えてみます。仮に相手プレーヤーＹがＣを選ぶなら、ＸはＣを選べば利得３ですがＤを選べば利得は４になります。また、ＹがＤを選ぶなら、ＸはＣを選べば利得０ですがＤを選べば利得は１になります。いずれの場合もＤのほうが高い利得となるので、ＸにとってはＢの選ぶどちらの戦略に対してもＤを選ぶほうがよいわけです。同様に考えて、Ｙの最適戦略もＤであることがわかります。

つまり、このゲームでは互いにＤ、つまり「自白」を選ぶことがナッシュ均衡となり、合理的な選択ということになります。利得はそれぞれ１です。

しかし、この利得表をよく見ると、互いにCを選ぶという選択も有力そうに思えます。どちらのプレーヤーもナッシュ均衡での利得１より高い利得３を得られるからです。

この場合、互いにC、つまり「黙秘」を選んでいるこの状態はパレート効率的な結果になります。たとえば、自分の利得を３から４に増やそうとしてプレーヤーXがこの状態からDに選択を変えると、相手プレーヤーYの利得を３から０に下げることになります。逆の場合も同様です。つまり、お互いにCを選んでいる状態は、相手の利得を下げることなしには自分の利得を上げることができないので、パレート効率的なのです。

このほか（C, D）や（D, C）の組み合わせもパレート効率性の基準を満たしていますが、双方の利得合計が最大になるという意味では、（C, C）という結果が「プレーヤー双方」にとっていちばん魅力的であることは、利得表から明らかです。XとYが互いに協力して黙秘を貫けば、もっとも高い利得３がもたらされるわけです。

しかし、互いにCを選ぶという結果は、さきほどみたようにナッシュ均衡ではありません。ナッシュ均衡では、「お互いが協力する」ことを前提としていないからです。つまり、プレーヤー双方にとって最善であるパレート効率的な選択が、利己的なプレーヤーによるナッシュ均衡とは一致しないという問題が、ここで発生してしまうのです。

これは「協力の発生の問題」として長年研究されている、ゲーム理論における重要問題のひとつです。本書でも、こうした問題についてさまざまな解決案をさぐることを、大きなテーマのひとつにしています。

利得表

X＼Y	C（黙秘）	D（自白）
C（黙秘）	3 , 3	0 , 4
D（自白）	4 , 0	1 , 1

X＼Y	C（黙秘）	D（自白）
C（黙秘）	3 , 3	0 , 4
D（自白）	4 , 0	① , ①

（D, D）はナッシュ均衡。
だがパレート効率的な結果
（C , C）は
ナッシュ均衡ではない！
なぜでしょう？

X＼Y	C（黙秘）	D（自白）
C（黙秘）	3 , 3	0 , 4
D（自白）	4 , 0	1 , 1

（D, D）はX、Yともに
DからCに変えると
1→0となり損をするので
安定な状態
➡ナッシュ均衡

X＼Y	C（黙秘）	D（自白）
C（黙秘）	3 , 3	0 , 4
D（自白）	4 , 0	1 , 1

（C, C）はX, Yともに
CからDに変えると
3→4となり得をするので
不安定な状態
➡ナッシュ均衡ではない！

表1－2　囚人のジレンマ・ゲームの利得表

No.

DATE

練習問題

プレーヤーAとBとがプレーする下の表のようなゲームを考えてみましょう。それぞれSかHかの選択ができます。各セル内の数字のうち、左側がAの、右側がBの利得になっています。

A＼B	S	H
S	4 , 4	0 , 3
H	3 , 0	2 , 2

問❶ プレーヤーAがH、プレーヤーBがSをそれぞれ選ぶとき、各プレーヤーの利得はそれぞれいくらですか。

問❷ プレーヤーBがSを選ぶとき、プレーヤーAはSとH、どちらを選ぶのがよいですか。

問❸ プレーヤーBがHを選ぶとき、プレーヤーAはSとH、どちらを選ぶのがよいですか。

問4　プレーヤーAがH、プレーヤーBがSをそれぞれ選ぶのはナッシュ均衡ですか。

問5　プレーヤーAがS、プレーヤーBがHをそれぞれ選ぶのはナッシュ均衡ですか。

問6　プレーヤーA、B双方がSを選ぶのはナッシュ均衡ですか。

問7　プレーヤーA、B双方がHを選ぶのはナッシュ均衡ですか。

問8　プレーヤーA、B双方がSを選ぶのはパレート効率的ですか。

問9　プレーヤーA、B双方がHを選ぶのはパレート効率的ですか。

問10　プレーヤーAがH、プレーヤーBがSをそれぞれ選ぶのはパレート効率的ですか。

解答

問1 プレーヤーＡが３点、プレーヤーＢが０点。

問2 プレーヤーＢがＳを選ぶとき、プレーヤーＡはＳを選べば４点、Ｈを選べば３点ですので、Ｓを選ぶ方がよい。

問3 プレーヤーＢがＨを選ぶとき、プレーヤーＡはＳを選べば０点、Ｈを選べば２点ですので、Ｈを選ぶ方がよい。

問4 ナッシュ均衡ではない。ＢがＳを選ぶとき、Ａはどうするでしょうか。問２を参照。

問5 ナッシュ均衡ではない。ＢがＨを選ぶとき、Ａはどうするでしょうか。問３を参照。

問6 ナッシュ均衡である。ＢがＳを選ぶと予想するとき、ＡにとってはＳがよく、逆にＡがＳを選ぶと予想するとき、ＢにとってはＳがよい。このように互いの行動が相手に完全に予想されているので、ナッシュ均衡である。

問7 ナッシュ均衡である。

問8 両方のプレーヤーにとってＳ以外の戦略に切り替えると（S, S）のときの利得から利得が下がるので、（S, S）はパレート効率的である。

問9 パレート効率的ではない。（S, S）と比較してみよう。

問10 パレート効率的ではない。（S, S）と比較してみよう。

コラム❶

ノーベル賞を受賞したゲーム理論家たち

1969年から経済学の研究にもノーベル賞が授与されています。その40年以上の歴史の中でようやく最近、ゲーム理論の研究にもノーベル賞受賞者がふえてきました。それだけゲーム理論が経済学にとって重要な研究対象になってきた証拠です。

1972年のケネス・アロー、1978年のハーバート・サイモン、1988年のモーリス・アレといった人々も広い意味ではゲーム理論と関連した先駆的業績で受賞していますが、ゲーム理論の研究そのものへの受賞という意味では、1994年にジョン・ナッシュ、ラインハルト・ゼルテン、ジョン・ハーサニーの３人が同時受賞したときが初めてになります。

このうちナッシュはもちろん、本書の中心的なテーマとなるナッシュ均衡の生みの親です。ゼルテンは、ナッシュ均衡が複数存在するときに、そのうちのどれを選ぶべきか、その妥当な選択基準について研究した人です。ハーサニーは、情報の不確実性が存在する場合のゲームの分析方法を確立しました。

その後もゲーム理論そのものや、それに深い関連のある研究業績を評価された受賞が続いています。

なかでも2007年には、レオン・ハーヴィッツ、エリック・マスキン、ロジャー・マイヤーソンの３人が、本書でも多くのページを割いて説明しているメカニズム・デザイン論に関する研究でノーベル賞を受賞しています。

今後もゲーム理論研究にノーベル賞が授与される傾向は続いていくと思われます。経済学の研究にとって、いまやゲーム理論は不可欠の道具になっているのです。

第2章 混合戦略とナッシュ均衡

本章では、フォン・ノイマンが最初に取り組んだ、ポーカーのゲーム理論による分析をとりあげます。

ポーカーにおいては、たとえ自分の引いた手が弱い手であっても、ときには強気に勝負にいくブラフ（はったり）という戦略が重要であることが、ゲーム理論の分析によって明らかにされています。強い手のときだけ勝負していては、次第に手の内を相手に見破られて不利になるので、あえて戦い方をランダムに変化させる必要があるのです。

このように自分の選択を複数の戦略の中から確率的に選ぶことをゲーム理論では**混合戦略**といいます。ポーカーの戦術を考えるときには、この考え方が重要なのです。

アメリカの国民的ギャンブル

『シンシナティ・キッド』や『ラウンダーズ』など、ポーカー・プレーヤーを主人公にしたアメリカ映画はいくつもあります。ポーカーは、アメリカでは国民的ギャンブルとして多くの人に楽しまれています。日本でも最近ではポーカーを楽しむ人口が増えてきました。それだけではなく、2012年に開催されたWSOP（ポーカー世界選手権）における１つの競技では、その43年の歴史上はじめて日本人が優勝を果たしました。

ポーカーはカジノで遊ばれているゲームでは唯一、カジノ（胴元）相手ではなく、プレーヤーどうしが競い合うゲームです。ですから、実力さえあれば大儲けすることも不可能ではありません。

現在、ポーカーでもっとも盛んにプレーされているのは、テキサス・ホールデム（Texas Hold'em）というゲームです。このゲームでは、プレーヤーには手札が2枚しか配られません。そのかわり、場に5枚の共通カードが出ます。自分の手札と共通カード、合計7枚のうちから5枚を自由に使って一番強い手を作ります。5枚のカードがプレーヤー間で共通であるため、相手の手札が何であるかを読むことが非常に重要になってきます。

ブラフは合理的な戦略か?

ポーカーはもちろん偶然に左右されますが、同時に技術が必要なゲームでもあります。現在の手札からなんらかの役ができる確率pと、その役で勝負に勝ったときに得られるチップ総額qをかけた値pqが、いま賭けなければならない金額bよりも大きいこと（$pq>b$）が、賭け金をベットする基準になります。こうした判断をするためには、まず自分の手札で役ができる確率を計算しなければなりません。

それと同時に、ほかのプレーヤーの賭け方を注意深く観察して、弱いカードでも賭けてくる強気なタイプなのか、それとも強いカードでないかぎり勝負に来ない慎重派なのかを見極める観察眼も必要です。確率論と心理学の双方が必要になるところが、ポーカーというゲームの醍醐味です。

ポーカーの戦術には、弱いカードであるにもかかわらず強気に賭けて、相手に強いカードを持っていると思わせて勝負を降りさせるブラフと、逆に、強いカードを持っているにもかかわらず慎重に賭けて相手のベットを誘い込み、賭け金を釣り上げて打ち負かすサンドバッギングがあります。これらはポーカーで勝つための基本戦術といえます。

しかし、とくにブラフに関しては、そのような心理作戦がはたして合理的な戦術なのか、疑問に思う人もいるでしょう。それに解答をもたらしたのが、フォン・ノイマンの生み出したゲーム理論なのです。

簡略化ポーカーによる分析

２人でプレーする単純なポーカーを分析した最初の人は数学者のエミール・ボレルでした。そのすぐあとにノイマンは、自分自身で創始したゲーム理論を用いて２人でプレーする単純なポーカーを徹底分析し、その成果をオスカー・モルゲンシュテルンとの共著『ゲームの理論と経済行動』の４章19節にくわしく記しました。これらの研究の目的は、ポーカーにおけるブラフがはたして合理的な戦略であるかどうかを明らかにすることでした。

ゲーム理論によるポーカーの研究は、必ずしも実際のポーカーの勝負に勝つための方略の追求を目的とはしていません。むしろ、ポーカーとはどんな性質のゲームなのかを明らかにしようとしているのです。

ここでは、ノイマンとモルゲンシュテルンの『ゲームの理論と経済行動』で考察された、２人でプレーする単純なポーカーに関するゲーム理論的分析を、さらに簡略化してご紹介します。これから述べるのは、ポーカーというゲームにはブラフという戦略が不可欠であることの証明です。そしてそれは、ポーカーにおいては**純戦略**（つねに１つの戦略だけでプレーすること）では最適戦略が存在せず**混合戦略**（複数の戦略をランダムに織り交ぜてプレーすること）が必要であることの証明でもあるのです。

ゲームは右のページのような手順で進むものとします。

ゲームの手順

STEP 1

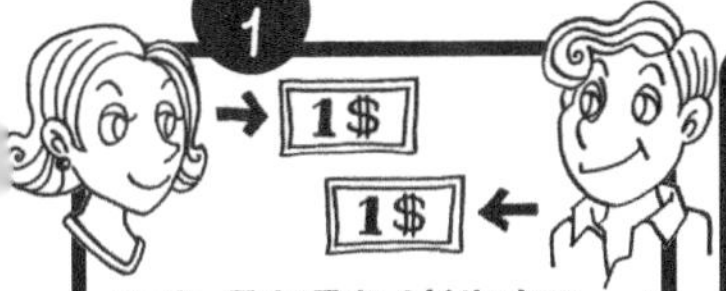

まず、それぞれ1ドルずつ
アンティを賭けます。
アンティとは参加料のようなものです。

STEP 2

H(High)とL(Low)の2種類が均等に含まれている山からカードが1枚、アリスに配られます。カードがHかLかは$\frac{1}{2}$の確率で決まります。

STEP 3

アリスはカードをボブに知られないように見て、賭け金をベット(bet)するか、フォールド(fold)するかを選びます。

フォールド（ゲームをおりること）ならボブの勝ちとなり、アリスが賭けた1ドルのアンティはボブのものになります。

ベットするならさらに2ドル賭けます。

STEP 4

アリスがベットしたら、ボブはコール(call)かフォールドを選びます。

フォールドならアリスの勝ちとなり、ボブが賭けた1ドルのアンティはアリスのものになります。

コール（ゲームを継続すること）なら、アリスのベットと同額の2ドルを賭けます。

STEP 5

アリスがベットし、ボブがコールしたら、アリスに配られたカードをオープンするショーダウンとなります。

カードがHならアリスの勝ちで、賭け金はすべてアリスのものになります。

カードがLならボブの勝ちで、賭け金はすべてボブのものになります。

このゲームを「ゲーム・ツリー」という図に表したのが、図2－1です。これがこのゲームの「展開形」と呼ばれるもので、ゲーム・ツリーの左から右へと時間が流れていくものと考えます。

図2－1を見ながらこのゲームの流れを確認します。

はじめに「偶然」が$\frac{1}{2}$の確率でアリスのカードがHかLかを決定します。

次に、アリスが自分のカードの内容を知ったうえで、ベットかフォールドを選びます。

ベットを選ぶとボブの手番となり、ボブはコールするかフォールドするかを選びます。

最後に、ショーダウンとなってどちらの勝ちかが決まります。右端に書かれている数字が各プレーヤーの利得で、

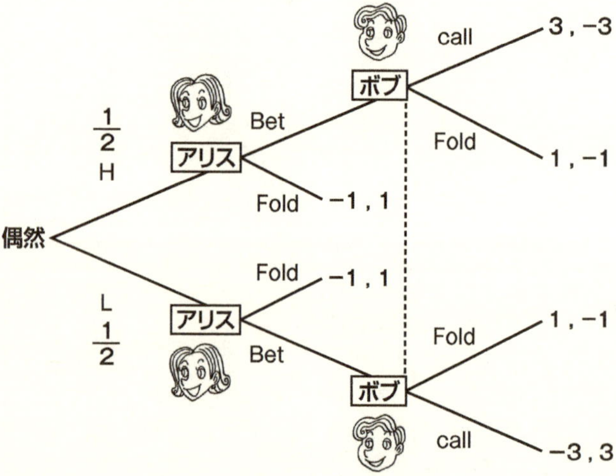

図2－1　簡略化ポーカーゲームのゲーム・ツリー

左がアリス、右がボブの利得を表しています。

なお、図ではアリスのカードがＨの場合とＬの場合のボブの手番が点線で結ばれていますが、これは「情報集合」といって、ボブにはその２つの状態を区別できないことを表しています。

展開形ゲームの標準化

このゲームにおける最適な戦略を導き出すために、今度はこの展開形を「戦略形」に変換します。これを「展開形ゲームの標準化」といいます。

ボブはアリスに配られたカードの内容を知りませんから、ボブがとりうる戦略は、自分の手番のときにコールするか、フォールドするか、の２通りしかありません。

アリスは、Ｈが配られたときとＬを配られたときのそれぞれの場合で、ベットするか、フォールドするか決められるので、４通りの戦略がありえます。

①カードがＨでもＬでもベットするのが第１の戦略Bet/Bet。②カードがＨならベットし、Ｌならフォールドするのが第２の戦略Bet/Fold。③カードがＨならフォールドし、Ｌならベットするのが第３の戦略Fold/Bet。④カードがＨでもＬでもフォールドするのが第４の戦略Fold/Foldです。

アリスとボブの戦略の組み合わせにおいて、それぞれが期待できる利得（期待利得）を利得表にしたものが、表２－１です。各セルに書かれた数字は、左側がアリスの期待利得、右側がボブの期待利得です。期待利得は、次のような計算から導きだします。

ボブ／アリス	Call	Fold
Bet/Bet	0 , 0	1 , −1
Bet/Fold	1 , −1	0 , 0
Fold/Bet	−2 , 2	0 , 0
Fold/Fold	−1 , 1	−1 , 1

表２－１　簡略化ポーカー・ゲームの利得表

たとえばアリスがBet/Foldの戦略（配られたカードがHならベット、Lならフォールド）を用い、ボブがコールを選んだときの期待利得を計算してみます。このとき、アリスがHを引いてゲームに勝つ確率は$\frac{1}{2}$です。勝てばアリスは最初のアンティ１ドルと、ベット２ドルの計３ドルを得られます。しかし、アリスがLを引く確率も$\frac{1}{2}$です。このときアリスはフォールドするので、アンティ１ドルを失います。

つまり、アリスの期待利得は0.5×3＋0.5×（−1）という計算で求められるわけです。同様に、ボブの期待利得を計算すると、２人の期待利得は次のようになります。

アリスの期待利得＝0.5×3＋0.5×（−1）＝1

ボブの期待利得＝0.5×（−3）＋0.5×1＝−1

こうして求めた２人の期待利得１と−1が、利得表のBet/FoldとCallの交差するセルに示されているわけです。

利得表の各セルを見ればわかりますが、２人の利得を合計するといつでもゼロになっています。このようなゲームが、第1章でも述べたゼロ和ゲームです。一方が勝てば他方が負けるゲームはすべてゼロ和ゲームです。ノイマンが『ゲームの理論と経済行動』で分析したのはすべてゼロ和ゲームだったことも、第1章で述べたとおりです。

支配された戦略

では、いよいよ表2－1の利得表を用いて、この単純なポーカーの最適な戦略を求めていきましょう。

はじめに注意すべきなのは、これらの戦略のなかには、可能性としては存在しても、実際には決して選ばれないものがあることです。つまり、相手の戦略がどうであろうと、つねにほかの戦略より劣っているような、明らかに不利な戦略です。これを「支配された戦略」といいます。

たとえばアリスにとってFold/Foldという戦略は支配された戦略です。実際、ボブの戦略がCallであろうとFoldであろうと、アリスがFold/Foldを選択したときの期待利得はBet/BetやBet/Foldよりも低くなっています。このとき、Fold/FoldはBet/Bet（あるいはBet/Fold）に支配されているといいます。同様に、Fold/BetはBet/Betに支配

ボブ ＼ アリス	Call	Fold
Bet/Bet	0 , 0	1 , −1
Bet/Fold	1 , −1	0 , 0

表2－2　支配された戦略を取り除いた簡略化ポーカー・ゲームの利得表

されています。

合理的なプレーヤーであれば支配された戦略を用いることはありませんので、それらは考慮から外すことになります。そこで、表2－1からアリスの戦略Fold/FoldおよびFold/Betを消去したものが表2－2です。最適戦略はこの利得表をもとに考えていくことになります。

純戦略のナッシュ均衡を探す

それでは、アリスとボブはそれぞれ、表2－2においてどの戦略を選べばよいのでしょうか。この問いに答えるのが、前章でくわしく述べたナッシュ均衡です。ナッシュ均衡が見つかれば、それに従うことがアリスとボブにとってこのゲームの最善の戦略ということになります。

ここでは、純戦略と混合戦略に分けて分析します。あらためて説明すると、純戦略とは、各プレーヤーが必ずどれか1つの戦略だけを選ぶ場合をいいます。実際には、プレーヤーはいくつかの戦略を選べるわけですが、そのうちのたった1つの戦略にしぼりこんでプレーすることを純戦略というわけです。

まず、このゲームに純戦略のナッシュ均衡が存在するかどうかを検討してみましょう。

たとえばアリスがBet/BetでボブがCallを選ぶ組み合わせ（Bet/Bet, Call）が、ナッシュ均衡になるかを確かめてみます。これはアリスから見れば、ボブがCallを選ぶと予想したときにつねにBet/Betを選ぶという純戦略、ボブから見ればアリスがBet/Betを選ぶと予想したときにつねにCallを選ぶという純戦略から構成されています。もしこれ

がナッシュ均衡であれば、ボブがCallを選ぶと予想したときのアリスにとっての最善の戦略はBet/Betであり、かつ、アリスがBet/Betを選ぶと予想したときのボブにとっての最善の戦略がCallになっていなければなりません。

しかし表2－2を見ると、アリスがBet/Betを選ぶと予想したときのボブにとっての最善の戦略はCallになっているものの、ボブがCallを選ぶと予想したときのアリスにとっての最善の戦略はBet/Foldなので、（Bet/Bet, Call）はナッシュ均衡の条件を満たしていないことがわかります。

言い換えれば、いま仮に2人が（Bet/Bet, Call）という純戦略のもとでプレーを開始することになったとき、この状態が持続するかを考えてみると、ボブは、アリスがBet/Betを選んでいるかぎりCallのほうがFoldより期待利得が高いのでCallを選び続けようとするでしょうが、アリスは、ボブがCallを選ぶならBet/FoldのほうがBet/Betよりも期待利得が高いので、Bet/BetからBet/Foldに戦略を切り替えるはずです。つまり、（Bet/Bet, Call）は安定した状態にはなく、持続してプレーされることは期待できません。だから、ナッシュ均衡ではないのです。

同様に、ほかのすべての純戦略の組み合わせも、調べてみるとどれもナッシュ均衡にならないことがわかります。つまり、このゲームには純戦略のナッシュ均衡は存在しないのです。

このように、純戦略ではナッシュ均衡が存在しないゲームはほかにもたくさんあります。しかし、あるゲームに純戦略のナッシュ均衡が存在するかしないかを識別する一般的な方法はありませんので、個別に調べることが必要です。

混合戦略のナッシュ均衡を探す

今度は、混合戦略の場合を考えてみます。混合戦略の意味についてはさまざまな説明のしかたがありますが、ここでは単純に、次のように考えます。

プレーヤーはいろいろある戦略からどれを選ぼうか思案しますが、どうしても1つに絞りきれないとしましょう。こういうときはどうすればいいでしょうか。結局、サイコロを振るなどして、ランダムにどれかを選ぶのではないでしょうか。このようにいくつかの戦略の候補からランダムに1つを選ぶという方針でプレーするのが混合戦略です。思案の末に、ただ1つの戦略を選ぶ純戦略に対し、混合戦略では1つに絞り込むことなく、いくつかの候補の中からランダムに1つの戦略を選ぶわけです。

ただし、ランダムに選ぶといっても、やみくもに選ぶのではありません。各プレーヤーは、相手がどのような戦略を選んでくるかを予想したうえで、自分はそれぞれの戦略をどれだけの割合で選ぶか、つまりそれぞれの戦略に確率

をどう割り振るかを、自分の利得が最大になるように考えるのです。

　このように混合戦略とは「いくつかの戦略をどのような確率で選ぶか」という確率分布を考える戦略ということになります。ここで注意していただきたいのは、混合戦略であっても、これまで述べてきたナッシュ均衡と同様に、相手の混合戦略を予想したうえで、自分の利得を最大にする混合戦略（確率分布）を選ぶという考え方に変わりはないということです。この場合、互いに相手が選ぶ混合戦略について予想が的中しているような状況が、混合戦略のナッシュ均衡になるわけです。

　こうしてプレーヤーが選択できる戦略が純戦略から混合戦略へと拡張されると、実は、必ずその中にナッシュ均衡が存在することがわかっています。これは、ナッシュがナッシュ均衡を定義する論文の中で証明したことです（その証明は本書の範囲を超えます。より上級の本には記されていますので、興味のある方はそちらを参照してください）。

　したがって、純戦略の範囲で調べてもナッシュ均衡が見つからない場合は、混合戦略まで範囲を広げて調べればよいのです。では、この単純なポーカー・ゲームではそれはどのような戦略になるのか、計算してみます。

まず、アリスはBet/BetとBet/Foldという２種類の戦略を、それぞれ確率pおよび$1-p$の割合で混合して使うものとします（$0<p<1$）。そしてボブは、CallとFoldという２種類の戦略をそれぞれ確率qおよび$1-q$で混合するとします（$0<q<1$）。

アリスとボブが選んだ混合戦略がナッシュ均衡であるためには、相手がその混合戦略を選ぶという予想のもとで、自分の混合戦略の中で用いるどの戦略についても、その期待利得が等しくなければならないことがわかっています（その証明は巻末付録をご参照ください）。

たとえばアリスの側は、ボブがCallとFoldをそれぞれ確率qおよび$1-q$で混合する混合戦略を用いてくるとき、Bet/Betがもたらす期待利得とBet/Foldがもたらす期待利得は等しくなければいけません。

Bet/Betの期待利得
$=q\times$［ボブがCallのときの期待利得］
　$+(1-q)\times$［ボブがFoldのときの期待利得］
$=q\times 0+(1-q)\times 1$
$=1-q$

Bet/Foldの期待利得
$=q\times$［ボブがCallのときの期待利得］
　$+(1-q)\times$［ボブがFoldのときの期待利得］
$=q\times 1+(1-q)\times 0$
$=q$

となりますから、この両者、つまり$1-q$とqが等しくなければなりません。したがって$1-q=q$となり、$q=\frac{1}{2}$と求められます。

ボブの側も同様に、アリスがBet/BetとBet/Foldをそれぞれ確率pおよび$1-p$で混合する混合戦略を用いてくるとき、Callがもたらす期待利得とFoldがもたらす期待利得は等しくなければいけません。つまり、

Callの期待利得
$=p\times$［アリスがBet/Betのときの期待利得］
　$+(1-p)\times$［アリスがBet/Foldのときの期待利得］
$=p\times0+(1-p)\times(-1)$
$=p-1$

Foldの期待利得
$=p\times$［アリスがBet/Betのときの期待利得］
　$+(1-p)\times$［アリスがBet/Foldのときの期待利得］
$=p\times(-1)+(1-p)\times0$
$=-p$

この両者が等しくなければなりませんから、$p-1=-p$となり、$p=\frac{1}{2}$が求められます。

この結果を総合すると、このゲームの混合戦略においては、アリスがBet/BetとBet/Foldをそれぞれ確率$\frac{1}{2}$ずつで混合し、ボブがCallとFoldをそれぞれ確率$\frac{1}{2}$ずつで混合するとナッシュ均衡になることがわかります。つまりアリスの側からみれば、Lのカードを引いた場合でも、$\frac{1}{2}$の割合で強気にBetすることが最善の戦略であることを意味して

います。これはブラフにほかなりません。

なお、２人がこの最適戦略を用いたとき、このゲームで両者が稼げる期待利得はそれぞれ次のようになります。

$$\text{アリスの期待利得} = 0.25 \times (0+1+0+1) = 0.5$$

$$\text{ボブの期待利得} = 0.25 \times (0-1+0-1) = -0.5$$

したがって、先手のアリスのほうが有利であることがわかります。

ブラフは合理的な戦略である

こうして、ブラフがポーカーにおける最適戦略を構成するものであることが、ゲーム理論によって数学的に導かれました。もっとも、このような非常に単純化されたポーカーについてはこの結論が成り立つとしても、現実にカジノなどでプレーされている本式のポーカーには通用しないのではないかと考える読者もいるかもしれません。たしかに実際のポーカーのルールはもっと複雑ですから、最適な混合戦略の確率を見つけ出すのは難しいことでしょう。

しかし、多くのポーカー教本には、ときにブラフを織り交ぜることが重要であることが繰り返し述べられています。弱いカードを配られたときにつねに勝負を降りていたり、小さな額のベットしかしないでいると、あなたのそうした行動を鋭く観察しているプレーヤーたちに、手の内を見破られてしまうに違いありません。そうなると、たとえあなたが強いカードを手にして大儲けしようと高額のベットをしても、誰も相手をしてくれず、そのうちまったくゲームで稼ぐことはできなくなるでしょう。ときには弱いカードでも強気に勝負に出るブラフを用いることが、ポーカーで勝ち続けるためには必要なのです。

そして、経験的に知られていたこうした戦略は、実際に合理的なものであることが、まさにゲーム理論によって証明されたのです。

同様のことは、プレーヤーどうしの駆け引きが必要なほかのゲームやスポーツにも当てはまります。たとえば野球の場合、ピッチャーはキャッチャーとサインを交換しながら、バッターの狙いを出し抜くような形で、投げる球の球種やコースを決めています。このとき、自分の得意な球種やコースばかり選んでいると、バッターに狙い打たれてしまいます。

ゲーム理論の研究では、ほかにテニスのサーブを相手コートの左右どちらに打つか、サッカーのペナルティ・キックをゴールの左右・中央のどこに蹴るかを、プロの選手権戦のデータを用いて調べたものがあります。細かな問題はありますが、おおむねプロ選手は混合戦略に従ってサーブやキックの方向を決めているという結果が出ています。

このように混合戦略という考え方は、わたしたちの日常生活に広く生かされているのです。

練習問題

プレーヤーAとBとがプレーする下の表のようなゲームを考えてみましょう。それぞれSかHかの選択ができます。各セル内の数字のうち、左側がAの、右側がBの利得になっています。

A \ B	S	H
S	4 , 4	0 , 3
H	3 , 0	2 , 2

問❶ プレーヤーBが戦略SとHをそれぞれ$\frac{1}{2}$の確率で選ぶとします。このとき、プレーヤーAにとって戦略Sを選ぶときの期待利得と、戦略Hを選ぶときの期待利得を計算してください。その両者は等しいでしょうか。

問❷ 今度は、プレーヤーBが戦略SとHをそれぞれ$\frac{2}{3}$、$\frac{1}{3}$の確率で選ぶとします。このとき、プレーヤーAにとって戦略Sを選ぶときの期待利得と、戦略Hを選ぶときの期待利得を計算してください。その両者は等しいでしょうか。

問❸ プレーヤーAが戦略SとHをそれぞれp、$1-p$の確率で選ぶとします。このとき、プレーヤーBにとって戦略Sを選ぶときの期待利得と、戦略Hを選ぶときの期待利得を、それぞれpの式で表してください。

問❹ 問3で求めた式を互いに等しいとおいて、未知数pを求めてください。これがプレーヤーAの混合戦略です。

問❺ 今度は、プレーヤーBが戦略SとHをそれぞれq、$1-q$の確率で選ぶとします。このとき、プレーヤーAにとって戦略Sを選ぶときの期待利得と、戦略Hを選ぶときの期待利得を、それぞれqの式で表してください。

問❻ 問5で求めた式を互いに等しいとおいて、未知数qを求めてください。これがプレーヤーBの混合戦略です。これが問2でプレーヤーBが選ぶと想定された混合戦略と等しいことを確かめてください。

No.

解答

DATE

問1 戦略Sの期待利得$=\frac{1}{2}\times 4+\frac{1}{2}\times 0$

$=2$

戦略Hの期待利得$=\frac{1}{2}\times 3+\frac{1}{2}\times 2$

$=\frac{5}{2}$

となるので等しくない。

問2 戦略Sの期待利得$=\frac{2}{3}\times 4+\frac{1}{3}\times 0$

$=\frac{8}{3}$

戦略Hの期待利得$=\frac{2}{3}\times 3+\frac{1}{3}\times 2$

$=\frac{8}{3}$

となるので等しい。

問3 戦略Sの期待利得$=p\times 4+(1-p)\times 0$

$=4p$

戦略Hの期待利得$=p\times 3+(1-p)\times 2$

$=p+2$

問4 $4p=p+2$から、$p=\frac{2}{3}$

問5 戦略Sの期待利得$=q\times 4+(1-q)\times 0$

$=4q$

戦略Hの期待利得$=q\times 3+(1-q)\times 2$

$=q+2$

問6 $4q=q+2$から、$q=\frac{2}{3}$

コラム❷

宮本武蔵『五輪書』にみる混合戦略

宮本武蔵といえば、秘剣「ツバメ返し」を必殺技とする剣豪・佐々木小次郎との巌流島での決闘があまりにも有名です。果たし合いの時間に遅れてやってきた武蔵が、苛立ちを隠せず剣を抜き、鞘を投げ捨てた小次郎に「小次郎敗れたり！　勝って帰るはずの者がなぜ鞘を投げ捨てる？」と言い放つ名セリフをご存じの方は多いでしょう。

吉川英治ら多くの作家によって小説に描かれ、三船敏郎主演の東宝映画などでもおなじみのこの巌流島の決闘ですが、実は武蔵は決闘に遅れず、相手は小次郎ではなく、あの名セリフさえ武蔵は口にしなかったのではないか？　そんな歴史の真相に迫り、みごとに謎を解き明かすのは「第２回ミステリーズ！新人賞」を受賞した高井忍の歴史ミステリ短編『漂流巌流島』です。

このように武蔵の生涯については諸説が入り乱れているようですが、武蔵自身が書いた（とされる）兵法書『五輪書』が、一つの論拠とすべき原典であるのは間違いありません。

この『五輪書』に、混合戦略が「兵法の極意」として記されているとしたら、みなさんは驚くのではないでしょうか？『五輪書』の火の巻、「さんかいのかはりといふ事」には次のように書かれています。「山海の心といふは、敵我たゝかひのうちに、同じ事を度々する事、悪しき所也。……敵山と思はば海としかけ、海と思はば山としかくる心、兵法の道也」。

この事実をわたしは、エルブ・ムーランの『社会科学のためのゲーム理論』を読んで初めて知りました。確かに混合戦略の真髄が述べられています。さすが剣の達人、宮本武蔵です。

第3章

協調問題

ゲーム理論の根幹をなすナッシュ均衡は、実はいくつかの克服すべき課題を抱えています。これらは広く**協調問題**と呼ばれている問題にかかわっていて、ゲーム理論ではもっとも重要な問題のひとつです。本章では、協調問題とはどのような問題なのか、それらはどう解決していくべきなのかを考えます。

2つの協調問題

協調問題には、大きく分けて２種類の問題があります。

１つは、複数のナッシュ均衡が存在するときに、そのどれを選ぶべきかという問題です。複数均衡の問題とか均衡選択の問題とも呼ばれます。ナッシュ均衡が複数あると、プレーヤーたちがどの均衡をプレーすべきかで意見が一致しないために、結局、均衡でもなんでもない、より悪い結果に導かれる「協調の失敗」が生じることがあります。こうした失敗をいかにして回避するかが問題になるわけです。これを本書では「コーディネーションの問題」と呼ぶことにします。

もう１つは、第１章で紹介した囚人のジレンマ・ゲームのように、プレーヤー全員にとって望ましいパレート効率的な結果と、ナッシュ均衡とが食い違うことで起こる問題です。ここでは、プレーヤーたちが自己利益を捨てて全員の利益を求めて協力すればジレンマが回避されるはずなのに、利己的なプレーヤーを想定するかぎり、それができないことが問題になります。つまり、いかにしてプレーヤーたちから協力を引き出して、ナッシュ均衡ではない結果を導くかがテーマになるわけです。これを本書では「協力の発生の問題」と呼ぶことにします。

コーディネーションの問題と「焦点」

まず、コーディネーションの問題を考えます。

第1章で紹介した、ナッシュ均衡のもっとも単純な例を思い出してください。2人のプレーヤーが同時に金額を提示し、両者の合計が100万円以下なら提示額通りにお金がもらえて、100万円を超えると何ももらえないというゲームです。

すでに示したように、このゲームには無数のナッシュ均衡が存在しました。では、いったいそのうちどの均衡をプレーすればよいのでしょうか。ナッシュ均衡では、自分と相手の要求額の合計がちょうど100万円になるように互いに行動を調整すべきであるという以上のことは教えてくれません。

もし相手が強気にたくさん要求してくると予想される場合、あなたは妥協して少ない額で我慢すべきでしょうか。それとも、破滅覚悟で相手の要求額にかまわず高い金額を要求すべきでしょうか。どんな金額でも、2人の合計が100万円である限りはナッシュ均衡なのですが、いざ、どの均衡をプレーすべきかを考えてみると、途方に暮れてしまいます。これは、複数のナッシュ均衡から1つを選び出すにはどうすればよいかという「コーディネーションの問題」の典型です。

ゲーム理論において、この「コーディネーションの問題」について組織的に研究をはじめたのは、ノーベル経済学賞を受賞した政治学者トーマス・シェリングです。シェリングは、この問題において「焦点」が果たす役割を強調しました。歴史・文化的に、あるいは心理的になど、なんらかの理由で特定の均衡が際立って特徴的に感じられると、それが選ばれやすくなるというのです。

たとえば、シェリングが示した例にこういうものがあります。いまニューヨークで人と待ち合わせをしているが、待ち合わせの場所と時間を指定するのを忘れてしまい、電話などでも連絡がつかない場合、どうすればよいかという問題です。

場所と時間の選択には無数の可能性があります。そのうちのどれを選べばよいか、何の手がかりもないのでは、とりつくしまもありません。ところが、実際に人々に尋ねてみると、多くが「正午にグランド・セントラル駅で待つ」と答えたというのです。

これは、「正午」という時間、「グランド・セントラル駅」という場所が、焦点として選ばれたことを意味します。日常での経験から、待ち合わせの時間や場所が不確定のとき、多くの人が適当な時間として正午を思い浮かべ、場所も自由の女神やマディソン・スクエア・ガーデンなどいろいろ考えられはするものの、交通の要所であるグランド・セントラル駅がもっともらしい場所として焦点化されたというわけです。

実際にさきほどの100万円を分け合う交渉ゲームの実験をすると、プレーヤーたちは互いに50万円ずつを選ぶケースが多く観察されます。おそらく読者のみなさんも同様に考えたのではないでしょうか。

これは（50万円，50万円）という要求額の組み合わせが

焦点になっていることを意味します。しかしよく考えてみれば、なにも（50万円, 50万円）でなければならない理由はないのです。少し強気に、多めに要求してやろうという考え方も、逆に、欲を出して決裂するよりは少なめに要求して確実に取り分を得ようという考え方も、十分に説得力があります。にもかかわらず、こういう場合には公平に見える配分がよいのではないかという両者の規範意識が一致して、それが焦点化の働きをしたのです。

非対称性のある協調問題

またシェリングは、別のこんな例でも実験しています。

A、B、Cの３人のプレーヤーが、同時に、文字A、B、Cの全部で６通りある並べ方のうち、１つを選ぶように指示されました（たとえば、ABC、BCA、CABなど)。もし３人の選んだ並べ方がすべて一致すれば（仮に３人ともCABを選べば)、その一致した並べ方の最初の文字（C）に対応するプレーヤー（C）に３ドル、次の文字（A）に対応するプレーヤー（A）に２ドル、最後の文字（B）に対応するプレーヤー（B）には１ドルが与えられます。しかし、３人の選び方が１人でも一致しなかった場合は、何ももらえないものとします。

このゲームの場合、文字の並べ方はどのようなものでもよいので、とにかく３人が同じ並べ方を選ぶことがナッシュ均衡になります。では、いったい６通りの並べ方のうち、どの並べ方を選べばよいのでしょうか。

これもまた、複数のナッシュ均衡から１つを選び出す「コーディネーションの問題」です。ただ、このゲームの悩ましいところは、どの並べ方を選んでも、各プレーヤーの獲得金額が異なってしまうという非対称性があることです。つまり、プレーヤー間に利害の不一致があるのです。

しかし、こうした非対称性があるにもかかわらず、実験結果によれば、３人のプレーヤーがみな「ABC」という並べ方を選ぶケースが頻繁に観察されました。つまり、この並べ方が焦点になったのです。いうまでもなくこれは、３人のプレーヤーがみな、自然なアルファベット順を選んだことを意味しています。

しかしこの結果は、とくにプレーヤーCにとっては最悪です。できればプレーヤーCは、別の結果に変えたいに違いありません。しかし、そんなことをすれば、たちまち３人の意見が不一致になり、全員が何ももらえなくなってしまうことをCは恐れたのです。

つまり、各プレーヤーの獲得金額が異なるという非対称性がある場合でも、プレーヤーたちは自分の利益だけを追求すれば破滅的な結果を招くと予想して、アルファベット順という焦点に向けて互いの行動を調整したのです。

このように、複数のナッシュ均衡のうちどれを選べばよいかわからないというコーディネーションの問題に対して、人々は焦点という方法を巧みに生み出して解決しているといえるのです。

エスカレーターの協調問題

コーディネーションの問題を焦点がうまく解決してくれる例を見てきました。しかし、いったい何が、どんな理由で焦点として選ばれるのでしょうか。

その答えとしては、多くは歴史上の偶然によって決まっているといえるかもしれません。たとえば駅やデパートでエスカレーターに乗るとき、みなさんはどちら側に立ちますか？　後ろから歩いて昇ってくる人がいたら、どちら側を空けますか？

経験によれば、東京では左側に立ち、急ぐ人が右側を通ることが多く、大阪ではそれが逆になっているようです。しかし実際には、左側に立とうと右側に立とうとどちらでも構わないのです。ほとんどの場合、鉄道会社やエスカレーターの管理者がどちらかに立つよう推奨しているわけではありません。ただ、どちらかに決めておかないと、急ぐ人とぶつかったりして、協調の失敗が起こってしまうために、多くの人が暗黙のうちに、そうならないように調整しているだけのことなのです。

では、いつからエスカレーターでこのように行動を調整する習慣ができたのか、といわれると、これはもう歴史上の偶然としか考えられません。なぜ東京と大阪では逆なのかについては、一説には江戸時代、江戸では侍が左に刀を差し、大阪では商人が右にお金を持っていた名残から、大切なものを隠すために東京では左に、大阪では右に立つようになったともいわれていますが、もちろん真偽は確かめようもありません。ただし、技術者に話を聞いたところでは、エスカレーターの構造上は真ん中に立つのが正しく、どちらかに荷重が偏るのは、安全上は好ましいことではないそうです。

相関均衡と信号機

何が焦点となるかは、偶然によることが多いものです。しかし場合によっては、人工的に焦点を設定して、協調の失敗を回避しなければならないケースもあります。そのために使われるのが「相関均衡」という考え方です。

相関均衡とはどのようなものかを知るには、信号機を想像するとよいと思います。第１章でとりあげた、別々の方向から走行してきて、信号機のない交差点にさしかかった２台の車の例を思い出してください。どちらかが交差点の手前で停車して道を譲らないかぎり、このままでは衝突は避けられません。では、どちらの車が道を譲るべきなのでしょうか。

ここにも、これまで述べてきたコーディネーションの問題が発生しています。どちらかの車が道を譲れば事故は免れるのですから、２つのナッシュ均衡がありうるわけです。問題はどちらのナッシュ均衡を選ぶべきか、です。この場合、どちらとも決められないので、混合戦略を計算してランダムにどちらかを決めるという方法も考えられます。

しかし、もっとよい方法は信号機の導入です。あるランダムなしくみで、一方の車に「進め」を、他方の車に「止まれ」を指示する信号機を設置するのです。２台の車の運転手にとっては、信号機の指示に従って互いの行動を調整したほうが、互いに独立に混合戦略のみに従って「進め」か「止まれ」を選ぶよりも、ずっと確実に協調の失敗を避けることができます。

この信号機のように、ゲームのプレーヤーとは独立な第三者によって定められたルールに従って行動することがプレーヤーたちにとって最善となっているとき、こうしたルールと行動の組み合わせを相関均衡というのです。

チキン・ゲームと相関均衡

相関均衡についてよりくわしく説明するために、信号機のない交差点にさしかかった２台の車の例を「チキン・ゲーム」と呼ばれるゲームの形に直して考えてみましょう。

チキン・ゲームの名前の由来は、ジェームズ・ディーン主演の映画『理由なき反抗』で描かれたような不良どうしの意地の見せ合いです。そこでは、どちらが根性のすわった真に勇気のある人間であるかを示すために、それぞれ車を運転して崖に向かって全速力で走り、先にブレーキを踏んだ者が臆病者（チキン）と呼ばれるのでした。

表３－１は、２台の車の例を、プレーヤー１とプレーヤ

－2による利得表の形に表現したものです。

交差点に至っても走り続ける選択を「直進（G）」とし、交差点の手前で車を停める選択を「停止（S）」とします。

この場合、お互いに「G」を選べば衝突という最悪の事態となりますので、どちらのプレーヤーも利得は0であるとします。

お互いに「S」を選べば、事故を起こすことなく安全に道を譲りあうことになり、利得はともに3となります。

しかし、一方がGを選び、他方がSを選んだときは、Gを選んだ側は停止せずにスムーズに進むことができるので利得が4であるのに対し、Sを選んだ側は、互いにSを選んだ場合と違い、自分だけが妥協させられた悔しさのため利得は下がって1になるとします。

このゲームには、表3－1を検討するとわかるように、純戦略のナッシュ均衡が存在します。(G, S) と (S, G) がナッシュ均衡です。また、混合戦略のナッシュ均衡も存在します。混合戦略では、お互いにGとSを確率$\frac{1}{2}$で選ぶことになります。

純戦略のナッシュ均衡では、プレーヤー1、プレーヤー2のどちらかが必ず妥協してSを選ぶことになります。もちろん、プレーヤーはできれば妥協したくありません。したがってこのゲームには、プレーヤー間の利害の対立が存在します。ではどちらのナッシュ均衡を選ぶべきでしょうか？

これがチキン・ゲームで解決しなければならないコーディネーションの問題です。

利得表

1＼2	G（直進）	S（停止）
G（直進）	0 , 0	4 , 1
S（停止）	1 , 4	3 , 3

1＼2	G（直進）	S（停止）
G（直進）	0 , 0	4 , 1
S（停止）	1 , 4	3 , 3

2がGのとき、
1はSなら利得が最大
2がSのとき、
1はGなら利得が最大

1＼2	G（直進）	S（停止）
G（直進）	0 , 0	4 , 1
S（停止）	1 , 4	3 , 3

1がGのとき、
2はSなら利得が最大
1がSのとき、
2はGなら利得が最大

1＼2	G（直進）	S（停止）
G（直進）	0 , 0	4 , 1
S（停止）	1 , 4	3 , 3

したがって、どちらかが妥協する（S, G）あるいは（G , S）が**ナッシュ均衡**。しかし**パレート効率的な結果**（S , S）のほうがよい！

表3－1　チキン・ゲームの利得表

「協力の発生の問題」も潜んでいる

まず考えられる解決方法として、お互いが混合戦略の確率に従って、独立に選ぶ場合を考えてみます。

Gを選んだときの期待利得が$\left(\frac{1}{2}\right)\times 0+\left(\frac{1}{2}\right)\times 4=2$で、Sを選んだときの期待利得が$\left(\frac{1}{2}\right)\times 1+\left(\frac{1}{2}\right)\times 3=2$であることは、どちらのプレーヤーも同じです。混合戦略のナッシュ均衡ではGとSを$\frac{1}{2}$の確率で選ぶのですから、結局、$\left(\frac{1}{2}\right)\times 2+\left(\frac{1}{2}\right)\times 2=2$となり、このゲームにおける各プレーヤーの混合戦略のもとでの期待利得は2であることがわかります。これが、プレーヤーが自分の利得だけを考えて混合戦略をとった場合に期待できる利得です。

しかし表3－1を見るとわかるように、これはお互いにSを選んだときの利得3よりも劣っています。このゲームでは、お互いにSを選ぶ（S, S）はパレート効率的な結果

第3者がさいころを1つ投げ、出た目に応じて2人に次のように指示する

1. 出た目が1か2ならば、プレーヤー1にはGを、2にはSを選ぶよう個別に指示する
2. 出た目が3か4ならば、プレーヤー1にはSを、2にはGを選ぶよう個別に指示する
3. 出た目が5か6ならば、プレーヤー1にも2にもSを選ぶよう個別に指示する

表3－2　ルールR

1＼2	G（進む）	S（止まる）
G（進む）	0	$\frac{1}{3}$
S（止まる）	$\frac{1}{3}$	$\frac{1}{3}$

表3－3　チキン・ゲームにおけるルールRのもとでの各結果の実現確率

となっています。しかし、それは純戦略のナッシュ均衡でも、混合戦略のナッシュ均衡でもありません。

つまりこのゲームでは、ナッシュ均衡（G，S）と（S，G）のどちらを選べばよいかというコーディネーションの問題のほかに、どのようにしたらプレーヤーが互いに協力して、ナッシュ均衡ではないパレート効率的な結果（S，S）を導けるかという「協力の発生の問題」も潜んでいるのです。

チキン・ゲームにおける相関均衡

そこで別の解決方法として、さきほどの信号機のように、プレーヤーとは独立な事象に従って各プレーヤーの行動を調整するルールを外から与えることで、協調の失敗を回避し、パレート効率的な結果を誘導することができないかを考えてみましょう。これがさきほど述べた相関均衡の考え方です。

いま天下りに、表3－2のようにルールRが与えられたと考えてみます。

もし各プレーヤーがこのルールRに従ってお互いの選択

を調整するならば、表3－3に示したように、確率$\frac{1}{3}$で結果（G, S）が、確率$\frac{1}{3}$で結果（S, G）が、確率$\frac{1}{3}$で結果（S, S）がそれぞれ実現します。すると、各プレーヤーの期待利得はともに

$$\left(\frac{1}{3}\right)\times 4+\left(\frac{1}{3}\right)\times 1+\left(\frac{1}{3}\right)\times 3=\frac{8}{3}\fallingdotseq 2.67$$

となり、これは混合戦略でのナッシュ均衡による利得2よりも高く、パレート効率的な結果（S, S）での利得3に非常に近い値になります。これが相関均衡の生み出す結果なのです。

ただし、プレーヤーはこのルールRに絶対に従わなければいけないわけではありません。どちらのプレーヤーもルールRを無視するより従ったほうが得であることに気づいたとき、すなわち、このルールに従うことが自分の利益になると、互いに考えるときにだけ従えばよいのです。言い換えれば、もともとのゲームではGかSか、どちらを選ぶべきかという問題だったものを、ルールに従うか従わないかを選ぶ問題に設定しなおしたということです。

そこで実際に計算してみると、両方のプレーヤーともルールRに従ったほうが得であることがわかります（計算根拠については巻末付録をご覧ください）。だからルールRに従うことは、どちらのプレーヤーにとっても最善の選択となる相関均衡であるといえるのです。

これが相関均衡と呼ばれるのは、混合戦略の場合にはプレーヤー1と2が独立にGかSを選ぶのに対して、相関均衡では1と2の選択がルールRを介して相関が生じる可能性がある、言い換えれば独立ではない可能性があるためです（巻末付録を参照）。

こうして、ルールRに従ってプレーすることが、相関均衡であることがわかりました。しかし、ここで２人のプレーヤーからは、不満の声が出るかもしれません。

なぜなら、このルールで実現される最大の利得はさきほど計算したように$\frac{8}{3}$（≒2.67）で、パレート効率的な結果（S, S）のもとでの最大利得３にわずかに及ばないからです。もっとよい結果を生み出すようなルールはほかに存在しないのでしょうか？　実は存在しないのです。

パレート効率的な結果（S, S）がナッシュ均衡ではなかったことを思い出してください。このルールRによって導かれる相関均衡よりも両プレーヤーに高い利得をもたらす結果はほかにもありえますが、どれも相関均衡にはならないのです。

実は、チキン・ゲームにおいて相関均衡となるルールのうち、両プレーヤーの利得の和を最大化しているのがこのルールRであり、これ以上の結果の改善は期待できないのです。言い換えればルールRとは、両プレーヤーが相関均衡を選ぶという前提のもとで、２人の利得の和を最大にするものなのです（巻末付録を参照）。

もともと、ナッシュ均衡ではないパレート効率的な結果（S, S）をプレーヤーが選ぶはずはないのに、ルールRによって相関均衡に変えることで選ばせようという「無理」をしていると考えることもできます。（S, S）の場合の利得と、相関均衡での利得の差は、「協力の発生の問題」を解決するために支払わなければならない〝税金〟のようなものとみることができるでしょう。

囚人のジレンマ・ゲームと相関均衡

では、「協力の発生の問題」の代表である囚人のジレンマ・ゲームも、相関均衡の考え方を用いればナッシュ均衡よりも効率的な結果を導けるでしょうか。

第1章で紹介した囚人のジレンマ・ゲームの利得表を再度、示します（表3－4）。

ここでさきほどのチキン・ゲームにおけるルールRと同じように、両プレーヤーが相関均衡をプレーするという前提のもとで、2人の利得の和が最大になるようなルールを探してみます。計算は省きますが、その結果は、表3－5のようなルールになります。

これを見ると、第1章で求めたナッシュ均衡（D, D）を実現すること、つまり100%の確率で2人とも自白するようなルールを定めることが、相関均衡になっていることがわかります。これではナッシュ均衡から得られる結果と同じことで、パレート効率的な結果（C, C）を導くことができません。

残念ながら、相関均衡という考えでは囚人のジレンマ・ゲームにおける「協力の発生の問題」は解決できないこと

X ＼ Y	C（黙秘）	D（自白）
C（黙秘）	3 , 3	0 , 4
D（自白）	4 , 0	1 , 1

表3－4　囚人のジレンマ・ゲームの利得表

X＼Y	C（黙秘）	D（自白）
C（黙秘）	0	0
D（自白）	0	1

表3－5　囚人のジレンマ・ゲームにおける相関均衡のもとでの各結果の実現確率

がわかりました。この問題を解決するには、別の手段に訴えなくてはならないようです。その手段については、第7章で紹介することにします。

コラム❸

文学作品に描かれた囚人のジレンマ

ゲーム理論で研究されているゲームの中でも、囚人のジレンマ・ゲームほど広く知られているものはほかにありません。それは利己性と利他性の対立、信頼と裏切りといった、わたしたちの人生における大きな決断の瞬間をとらえているからでしょう。それだけに、人間の実存や人生の真実を描きだそうとする文学者にとっても格好の題材を提供してくれています。

ミステリ作家・横山秀夫の短編集『第三の時効』（集英社）には警察の犯罪捜査を題材とした文字通り「囚人のジレンマ」という題の作品がありますし、第２回日本ホラー小説大賞を受賞してデビューしたSF作家・瀬名秀明のデビュー作『パラサイト・イヴ』（角川書店）のラストでも、その重要な場面で囚人のジレンマ・ゲームが生かされています。ほかにも、マーク・チスネル『ゲームに憑かれた男』（徳間文庫）、リチャード・パワーズ『囚人のジレンマ』（みすず書房）などでも作品のモチーフに囚人のジレンマ・ゲームが利用されています。

古くからゲーム理論家がお気に入りの例に、イタリアの作曲家ジャコモ・プッチーニのオペラ『トスカ』があります。政治犯アンジェロッティを逃がそうとした画家カヴァラドッシとその恋人で歌手のトスカが、政治犯の行方を追う警視総監スカルピアによって別室で尋問されるという第２幕の場面が、まさに囚人のジレンマの状況そのままです。

探してみると、きっとみなさんの周りにも囚人のジレンマとみなせる事例が見つかるのではないでしょうか。

第4章

知識と情報の問題

本章では、ゲーム理論における知識と情報の役割について考えます。ゲームをプレーするプレーヤーの間で、知っていること、知らないことに差があると、どんな問題が起こってくるのかを考えるのが本章のねらいです。

そのために手始めとして、プレーヤー間で知識や情報の格差のない状況とは、そもそもどんな状況かを考えてみます。これまでの章で説明してきたゲームでは、プレーヤーはゲームの利得表を通じて、それぞれの戦略が選ばれたとき、互いに利得がいくらになるのかを知っていました。このように、プレーヤーがお互いに共有している知識や情報のことを**共有知識**といいます。

どのような状態のときに共有知識があるといえるのかは、実はかなりややこしい問題です。しかし、ゲームの利得表がプレーヤー間で共有知識になっていないとナッシュ均衡が計算できませんので、ゲーム理論ではとても重要な概念です。

共有知識とは何か

まず、共有知識とは何かを定義します。

ＡさんとＢさんの間で、ある知識ないし情報が共有知識であるとは、どういうことでしょうか。おそらくみなさんは、何かについてＡさんが知っていることをＢさんは知っていて、同様にＢさんが知っていることをＡさんが知っている、といった程度のことと考えているかと思います。しかし、それは正確な答えではありません。

共有知識とは、「Ａさんが知っている」ことをＢさんが知っていて、「Ａさんが知っていることをＢさんが知っている」ことをＡさんが知っていて、「Ａさんが知っていることをＢさんが知っていることをＡさんが知っている」ことをＢさんが知っていて……というように、知識の階層構造が無限に形成されていることをいうのです。

なぜそんなややこしい定義づけが必要なのか？　と思われたかと思います。そこで逆に、共有知識になっていない状況とはどのようなものかを考えてみます。

たとえば、あなたが恋人とデートの約束をしていたとします。ところが、急に都合が悪くなって、今日のデートはキャンセルしたいという内容のメールを携帯電話で送信したとします。しかし、この時点では「今日のデートはキャンセル」という事実は、あなたしか知りません。ですから、これは２人の共有知識ではありません。

では、恋人があなたからのメッセージを受けとった時点で、その事実は２人の共有知識になるでしょうか？　いいえ、あなたからのメッセージを恋人が受けとったことをあなたが知らないかぎり、あなたは恋人が「今日のデートはキャンセル」という事実を知っていることがわかりませんから、これは共有知識ではありません。

では、恋人があなたのメールに「わかった」と返信をして、あなたがそれを受けとれば共有知識になるでしょうか？　いいえ、その時点でも、「今日のデートはキャンセル」という事実は２人の共有知識にはなりません。というのは、あなたが恋人からの返信を受けとったことを恋人は知らないので、恋人があなたのメールを受けとったことをあなたは知らないと、恋人は考えるからです。

では、あなたが恋人のメールに対して「ちゃんと届いた

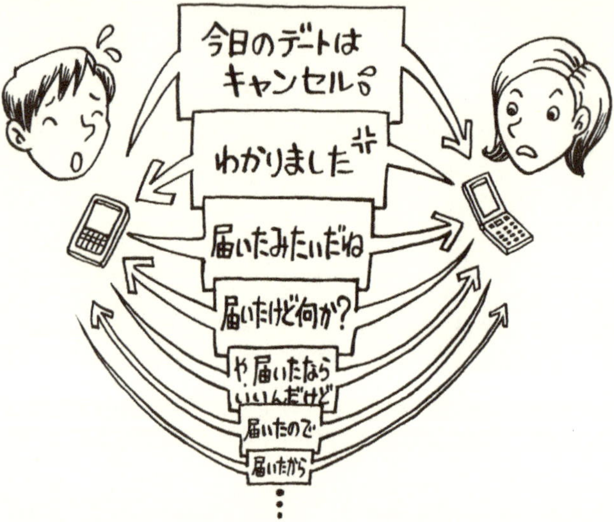

みたいだね」とさらに返信し、それを恋人が受けとった時点ではどうでしょうか？　実はその時点でも「今日のデートはキャンセル」という事実は２人の間で共有知識にはなりません。というのは、恋人があなたからの返信を受けとったことをあなたは知らないので、あなたが恋人のメールを受けとったことを恋人は知らないと、あなたは考えるからです。

結局、２人の間でメールのやりとりをいくら続けても、その回数が有限の値であるかぎり「今日のデートはキャンセル」という事実は２人の間での共有知識にはならないのです！

ユダヤ人の知恵

今度は、共有知識と関わりがある次のような笑い話について考えてみましょう。

これはユダヤ教のラビ（律法教師）であるテルシュキンが、その『ユダヤ人のユーモア』という著書の中で、論理的思考にたけたユダヤ人の実例を示すものとして引用している煙突掃除の少年のお話です。

ある青年がユダヤ教の経典タルムードを学びたいと願ってラビを訪ねました。青年の願いを聞いたラビは、はたして青年がタルムードを学ぶのに必要な才覚があるかどうかをテストするために、次の問題を出しました。

「２人の少年が煙突掃除の仕事を終えて、煙突から顔を出した。一方の少年の顔は煤《すす》で汚れていたが、他方の少年の顔はきれいなままだった。さて、この２人の少年のうちどちらが自分の顔を洗うことになるだろうか？」

青年はあまりに簡単な問題なので油断して「顔が煤で汚れた少年です」と即答しました。しかしラビは首を振り、不正解であると告げました。その理由は次の通りでした。

顔が煤で汚れている少年は、相手の少年の顔がきれいだったので、自分の顔もきれいだと思い込むはずである。一方、顔がきれいなままだった少年は相手の少年の顔が煤で汚れていたので、自分の顔も汚れていると考えるはずである。したがって、顔がきれいなままだった少年が顔を洗うに違いない。

その説明を聞いて青年はラビの知恵のすばらしさを知り、ますますタルムードを学びたくなりました。そこで、青年はもう一度自分を試してほしいと願い出ます。するとラビは再度、さきほどと同じ問題を出しました。青年は怪《け》訝《げん》な顔で「顔がきれいなままの少年が顔を洗うでしょう」と答えました。その答えを聞いて、ラビは首を振り、不正解であると告げました。その理由は次の通りでした。

さきほどと同じ推論で、顔がきれいなままだった少年がまず顔を洗うに違いない。だが、その様子を見た顔が汚れている少年は、相手がそうした理由について考え、それは自分の顔が汚れているのを見たからに違いないと推論するに違いない。そこで、顔が汚れている少年も顔を洗うことになるだろう。

その答えを聞いて、ラビの知恵の深遠さに畏怖の念を抱いた青年は、タルムードを学ぶことへの情熱をさらにかき立てられました。そこで、青年はもう一度自分を試してほしいとラビに請います。するとラビは、三たび、同じ問題を出しました。青年はまた怪訝な顔で「両方の少年が顔を洗うでしょう」と答えました。その答えを聞いて、ラビは首を振りました。

二人が同時に煙突掃除をして、一方の少年だけ顔が汚れて出てくることなどありえないから、この問題は不適切なのだ。そのことに気づかない者に、タルムードを学ぶ資格はない。

そう告げられて、青年はすごすごと引き下がったのでした。

帽子のパズル

この問題を３人の場合に拡張したものに「帽子のパズル」と呼ばれている有名な問題があります。

ここで、３人の子供、アキコ、カズオ、サチコが、その順番で縦に並んで椅子に座っているとします。つまり、サチコにはカズオとアキコの背中が見えていて、カズオには

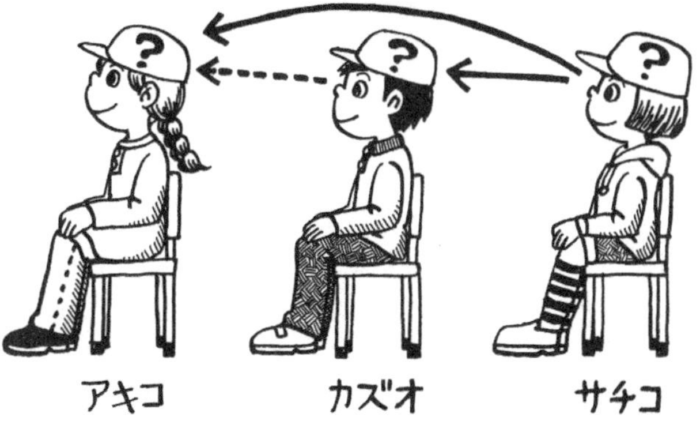

アキコの背中だけが見えていて、アキコには何も見えないという状態です。

この3人に目をつぶってもらっている間に、5個ある帽子の中から3個を選び、それぞれにかぶせます。5個の内訳は、赤い帽子が3個、黒い帽子が2個であることは3人とも知っています。見えている帽子の色は口にしないようサチコとカズオには言ってあります。

こうした状況で、いちばん後ろに座っているサチコから1人ずつ順番に「自分の帽子の色がわかりますか？」と尋ねてみました。

サチコは「わかりません」と答えました。次にカズオに尋ねると、やはり「わかりません」と答えました。最後にアキコに尋ねると「わかりました。わたしの帽子は赤です」と答えました。どうしてアキコには自分の帽子の色がわかったのでしょうか？

アキコは次のように考えたのです。

カズオとわたしの帽子の色を見ているサチコが自分の帽子の色が確実にわかるのは、見えている２人の帽子が黒の場合だけだ。黒の帽子は２つしかないからだ。サチコが「わかりません」と答えた以上、２人のうち少なくともどちらかは赤の帽子だ。仮にわたしの帽子が黒だとすると、カズオは自分の帽子が赤だとわかったはずだ。なのに、カズオは「わかりません」と答えた。ということは、わたしの帽子は赤に違いない。

このように、他の人が何を知っていて、何を知らないのかという知識を利用しながら推論をしていくことは、ゲーム理論でも重要です。

自動車保険の例

たとえば自動車保険について考えてみましょう。

いま自動車のドライバーには、いつも安全運転を心がけているドライバー（Ａタイプ）と、スピードを出しすぎたり、注意散漫になったりする危険なドライバー（Ｂタイプ）の２種類があり、それぞれドライバー人口の50％ずつを占めているものとします。また、Ａタイプのドライバーが事故を起こす確率は５％、Ｂタイプのドライバーが事故を起こす確率は15％であるとします。

保険会社はこれらの事実を知っていますが、いま保険契約を勧めている相手がどちらのタイプであるかは知りえないとしましょう。つまり、自分がどちらのタイプかを知っているドライバーのほうが、知識のうえでは有利な立場にあるといえます。では、ドライバーはこの有利さを生かせるでしょうか？

事故を起こしたときは、どちらのタイプであろうとドライバーの損失は100万円であるとします。このとき、保険会社がドライバーに支払わなければならない保険金の額は、平均すると、

［Ａタイプと契約する確率］×［Ａタイプに支払う保険金の期待値］＋［Ｂタイプと契約する確率］×［Ｂタイプに支払う保険金の期待値］
＝［0.5］×［0.05×100万円］＋［0.5］×［0.15×100万円］
＝10万円

になります。

したがって、保険会社は10万円以上の掛け金をドライバーから徴収しなければ赤字になってしまいます。そこで保険会社が、損益がちょうどゼロとなる10万円を保険の掛け金に設定したとします。

このとき、安全運転をするＡタイプのドライバーは、期待値でみて0.05×100万円＝5万円の損失しか発生しないので、10万円の掛け金では高すぎると感じて加入を躊躇《ちゅうちょ》するでしょうが、危険な運転をするＢタイプのドライバーは、期待値でみて0.15×100万円＝15万円の損失が発生する可能性があるので、10万円の掛け金でも喜んで加入するでしょう。ここでは、自分が危険な運転をすることを知っているＢタイプのドライバーが、その知識を生かして、有利な立場に立っているということができます。

しかし、これではやがて、自動車保険に加入するのは危険な運転をするＢタイプのドライバーだけになってしまいます。そして保険会社もそのことを推論できるはずです。

すると保険会社は10万円の掛け金では割に合わないので、契約者がすべてＢタイプのドライバーとなっても損益がちょうどゼロになるように、15万円まで掛け金を引き上げることになるでしょう。こうして、情報上有利な立場にいたＢタイプのドライバーの有利さは、やがては消えてしまうことになります。

保険市場ではこのように、はじめに情報のうえで有利な立場にある被保険者が、多くの利益を得るということが起こりうるのです。

では、知識をたくさん持っている人は、知識をあまり持っていない人よりも、つねに有利になるのでしょうか？

今度は、プレーヤーの間で知識や情報に格差がある状況についての、さらに極端な場合を考えます。具体的には、あらゆる出来事をあらかじめ完璧に予言している神や超能力者を相手にしたゲームを例にとって考えていきます。

パスカルの賭け

「それではこの点を検討して、『神はあるか、またはないか』と言うことにしよう。だがわれわれはどちら側に傾いたらいいのだろう。理性はここでは何も決定できない。そこには、われわれを隔てる無限の混沌がある。この無限の距離の果てで賭けが行われ、表が出るか裏が出るのだ。君はどちらに賭けるのだ……さあ考えてみよう。選ばなければならないのだから、どちらのほうが君にとって利益が少ないかを考えてみよう……神があるというほうを表にとって、損得を計ってみよう。次の二つの場合を見積もってみよう。もし君が勝てば、君は全部もうける。もし君が負けても、何も損しない。それだから、ためらわずに神があると賭けたまえ……ここでは、無限に幸福な無限の生命がもうけられるのであり、勝つ運が一つであるのに対して負ける運は有限の数であり、君の賭けるものも有限なものである。これでは確率計算など全部いらなくなる……したがって、……無に等しいものを失うのと同じような可能性でもって起こりうる無限の利益のために、あえて生命を賭けないで、出し惜しみをするなど、理性を捨てないかぎり、とてもできないことである」

（ブレーズ・パスカル『パンセ』中公文庫、pp.159-161）

これは「パスカルの賭け」と呼ばれている、神への信仰を合理的に正当化する有名な議論のひとつです。

神が存在するか否か、どちらかに賭けるとしたら、存在するほうに賭けたほうが、存在しないほうに賭けるよりも期待値が大きいから、神が存在すると信じるべきだという論法です。これは非常にゲーム理論らしい考え方です。パスカルは何百年も前に、ゲーム理論の考え方を先取りしていたのかもしれません。

では、神のような全知の存在が実際にいるとして、それがわたしたちとゲームをプレーするとしたらどうなるでしょうか。そのような相手に対して、われわれに勝ち目はないのでしょうか。

こうした知識の問題を考えていくと、実は意外な結論を得ることがあります。まず非常に簡単な場合として、全知のパラドックスというものについて紹介します。

全知のパラドックス

前章で考察したチキン・ゲームについて、別の観点から考えてみます。

その利得表を再掲します（表4－1）。純戦略のナッシュ均衡においては、どちらか一方が直進し（G）、他方が停止する（S）ことになるのでした。どちらのプレーヤーもGを選びたいが、両方がGを選べば悲惨なことになってしまう。このとき、ではどちらのプレーヤーがGを選ぶかが、このゲームにおける協調問題になっていたのでした。

ではここで、もしプレーヤー1が、プレーヤー2がどういう行動を選ぶのかをあらかじめ知ることができるとしたら、そして、プレーヤー2は自分の選択があらかじめプレーヤー1に知られていることを知っているとしたら、どうでしょうか。

不思議なことに、そのときはきっと、プレーヤー2がGを選び、プレーヤー1がSを選ぶことになるのです。なぜでしょうか？

このゲームでは、一方がG、他方がSを選ぶことがナッ

1＼2	G（直進）	S（停止）
G（直進）	0 , 0	4 , 1
S（停止）	1 , 4	3 , 3

表4－1　チキン・ゲームの利得表

シュ均衡であり、また、この均衡が実現するときは、Gを選んだプレーヤーのほうが高い利得を得られます。このことは両方のプレーヤーが知っています。

すると、自分の選ぶ戦略がプレーヤー1にあらかじめ知られていることを知っているプレーヤー2は、自分がSを選べば相手はGを選び、自分がGを選べば相手はSを選ぶと予想することができます。とすれば、プレーヤー2にとってはGを選ぶほうが好ましい選択となります。

つまり、相手の選択をあらかじめ知っているプレーヤー1のほうが、不利な選択をしいられるという結果が実現してしまうのです。たくさん情報を持っているプレーヤーが逆に損をしてしまう、このことを「全知のパラドックス」といいます。

ニューカムのパラドックス

全知のパラドックスに関連して、物理学者のウィリアム・ニューカムによって唱えられ、哲学者ロバート・ノージックによって分析された別のパラドックスがあります。これは、発案者の名前をとって「ニューカムのパラドックス」と呼ばれています。

いま、プレーヤーの行動を高い精度で予言できる超能力者がいるとします。超能力者は、箱Aと箱Bに異なる金額のお金を入れます。そのあとプレーヤーが、（1）箱Bだけを選ぶ、（2）両方の箱を選ぶ、のいずれかを選択します。プレーヤーは選んだ箱の中の金額を手にすることができます。つまり（1）を選べば箱Bの中の金額を、（2）を選べば両方の箱の中の金額を手にすることになります。

箱Aには1000円が確実に入っているものとします。箱Bに入る金額は、超能力者の予言によって変わります。超能力者が（a）プレーヤーは箱Bだけを選ぶと予言すれば100万円を、（b）プレーヤーが両方の箱を選ぶと予言すれば何も入れない（0円）ことになっています。

ただし、超能力者の予言はプレーヤーには聞こえません。また、予言は高い精度で当たるものの、100％当たるとは限らないものとします。

仮に超能力者の予言が確実に当たるとした場合、このゲーム状況の利得表は表4－2のようになります。各セル内の数値は、このゲームでプレーヤーが得る利得です。

さて、このゲームでは、自分の選択が予言されていることを知っているプレーヤーは、何を選択するのが最善でしょうか？

予言は外れることはないと悲観して（いわば「決定論」

超能力者 ＼ プレーヤー	プレーヤーが箱Ｂだけ選ぶと予言	プレーヤーが両方の箱を選ぶと予言
箱Ｂだけ選ぶ	100万円	0円
両方の箱を選ぶ	100万1000円	1000円

表４－２　ニューカムのゲーム

に従って）箱Ｂだけを選択すべきでしょうか？　それとも、予言は自分が選択する前になされている以上、覆る可能性があると信じて（いわば「自由意思」に従って）両方の箱を選択すべきでしょうか？

ノージックはこのゲームを分析して、その答えはプレーヤーが選択をどのような原理に従って行うかによって、異なってくるとしました。

もしプレーヤーが「支配戦略の原理」に従うなら、両方の箱を選ぶべきであるとノージックは述べています。支配戦略の原理とは、相手の出方に関係なく、つねに自分にとってよい結果を生む戦略があるならばそれを選ぶという考え方です。まず、この場合について検討してみます。

ここで、超能力者はプレーヤーが選択する前に、予言によって箱Ｂの中身を決めていることに注意します。プレーヤーが選択する段階では、100万円が入っているか、何も入っていないかがすでに決まっているのです。

（１）箱Ｂに100万円が入っている場合

このとき、プレーヤーは箱Ｂだけを選べば100万円を得られますが、両方の箱を選べば100万1000円が得られるので、両方の箱を選ぶべきです。

（2）箱Bには何も入っていない場合

このとき、プレーヤーは箱Bだけを選べば0円ですが、両方の箱を選べば1000円が得られますので、両方の箱を選ぶべきです。

したがって、箱Bの中身がどちらの場合でも、両方の箱を選んだほうが高い利得を得られることになります。このとき、両方の箱を選ぶことを支配戦略と呼ぶのです。

ところが、この問題を「期待利得最大化の原理」に従って考えると、答えは異なってきます。期待利得最大化の原理とは、相手の出方に関する予想を確率で表現し、その確率のもとで自分が選ぶ戦略の期待利得を計算し、より有利なほうを選ぶという考え方です。

いま、超能力者の予言の精度を確率pで表すことにします。つまり、確率pで予言が当たり、確率$1-p$で予言が外れるものと考えます。

（a）プレーヤーが箱Bだけを選ぶ場合の期待利得

予言が当たって箱Bに100万円が入っている確率はp、予言が外れて箱Bに何も入っていない確率は$1-p$ですから、プレーヤーの期待利得は

$$p \times 1{,}000{,}000 + (1-p) \times 0 \cdots\cdots ①$$

となります。

（b）プレーヤーが両方の箱を選ぶ場合の期待利得

予言が当たって箱Bには何も入っていない確率はp、予言が外れて箱Bに100万円が入っている確率が$1-p$なので、プレーヤーの期待利得は

$$p \times 1{,}000 + (1-p) \times 1{,}001{,}000 \cdots\cdots ②$$

となります。

①と②、いずれか値の大きいほうをプレーヤーは選ぶべきです。仮に①＞②であるものとして計算してみると、

$$p \times 1{,}000{,}000 + (1-p) \times 0$$
$$> p \times 1{,}000 + (1-p) \times 1{,}001{,}000$$

となるのは、

$$p > 0.5005$$

のときであることがわかります。

つまり、超能力者の予言の精度が50％よりもわずかに高いならば、プレーヤーは箱Ｂだけを選んだほうがよいことになります。実際には超能力者の予言の精度はもっと高いはずですから、プレーヤーが期待利得最大化の原理に従うなら、箱Ｂだけを選ぶべきです。

こうして、支配戦略で考えたときと、期待利得最大化の原理で考えたときでは、プレーヤーが選ぶべき選択が異なってしまうことが明らかになりました。では、どちらの考え方が正しいのでしょうか。

ところで、これまで説明してきたゲーム理論におけるナッシュ均衡では、支配戦略で考えても期待利得最大化の原理で考えても同じ結論になっていました。たとえば囚人のジレンマ・ゲームでは、支配戦略で考えたとき、相手がＣ（黙秘）でもＤ（自白）でも自分はＤを選ぶことが最適であり、また期待利得最大化の原理で考えて、相手がＣとＤをそれぞれ確率pと確率１－pで選ぶとした場合にも、Ｄを選ぶことが最適になっていました。ところがニューカムのパラドックスでは、これまで論じてきたゲーム理論における２つの推論原理である支配戦略と期待利得最大化の原理

が、食い違うケースがあることを明らかにしたという意味で興味深いものです。

ノージックはさまざまな観点から2つの原理を検討し、「箱Bの状態」と「プレーヤーの選択」が独立であるなら、2つの原理は同じ結論に達するはずだが、独立でないなら、支配戦略の原理では不適切な結論が導かれるので、期待利得最大化の原理に従うべきであると結論しました。

そして実際にはニューカムの問題では箱Bの状態とプレーヤーの選択は独立になっていないため、期待利得最大化の原理に従って箱Bだけを選ぶべきであるというのがノージックの出した答えでした。

心理学的ゲーム理論によるパラドックスの解消

しかし、はたしてノージックのこの結論は妥当なのでしょうか。

期待利得最大化の原理では、超能力者の予言が当たる精度について、あらかじめ客観的に決まっているかのように仮定されている（確率pとして）点に問題があるかもしれません。そこで、予言の精度pについてプレーヤーは客観的には知りえず、主観的に見積もりをするしかないものと考えてみます。超能力者の予言の精度は客観的には知りえませんが、50％くらいか75％くらいかといった主観的な見積もりなら誰にでもできます。それが正解である保証はなくても、主観的に見積もることはできます。

しかし、ゲーム理論でモデル化するためには、それだけでは十分ではありません。

第1章でナッシュ均衡を定義したとき、相手プレーヤーの選択に対する予測は完全に正しいものとすると述べました。この場合も同様に、合理的なプレーヤーならば超能力者の予言の精度pについては十分な根拠のもとでなるべく正確な見積もりをするはずであり、その見積もりのもとで選ぶ最適戦略は、見積もりを裏書きするものであると考えるべきです。間違った見積もりにもとづく行動は、最適戦略とはなりえないからです。

そこで、超能力者の予言に関するプレーヤーの見積もりが実際の予言と一致していて、かつ、その予言どおりに行動することが最適であるような選択をプレーヤーは行う、と仮定することが、もっとも適切でしょう。

もう少しいうと、ここで考えているのは次のような状況です。

まず、超能力者がプレーヤーの選択を予測します。

次にプレーヤーが「超能力者の予測」が何であるか見積もります。

そして、「超能力者の予測についてのプレーヤーの見積もり」が、実際に「超能力者の予測」と等しくなるような選択をプレーヤーが行う、というハイレベルの推論を仮定しているのです（図４－１）。

こうした考えにもとづく理論を「心理学的ゲーム理論」といいます。ゲーム理論家のジアナコプロスは、この考え方を用いてニューカムの問題を分析しました。

具体的には、プレーヤーの選択は次の２つの基準に従ってなされるものとします。

〈基準１〉プレーヤーは、超能力者のプレーヤーの選択に関する予言について主観的に見積もり、その見積もりのも

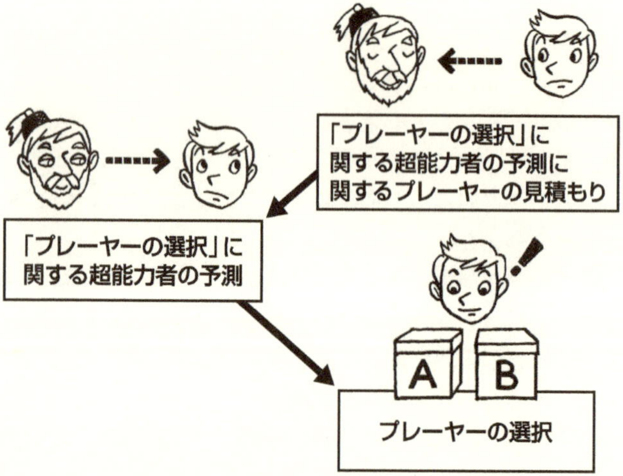

図4－1　心理学的ゲーム理論の構造

とで利得を最大化する
〈基準2〉プレーヤーの選択は、超能力者のプレーヤーの選択についての予言に関するプレーヤーの主観的な見積もりと完全に一致している

このような基準にもとづいてプレーヤーがナッシュ均衡を選択するとき、これを「心理学的ゲームのナッシュ均衡」といいます。これはナッシュ均衡をより精密にした理論と考えられます。

では、この2つの基準を同時に満たすプレーヤーの選択とは、どのようなものになるのでしょうか。

（1）超能力者の予言は「箱Bだけを選ぶ」であろうと、プレーヤーが見積もった場合この見積もりのもとでは、箱Ｂだけを選べば100万円ですが、両方の箱を選べば100万1000円となりますから、プレーヤーの利得を最大にするのは両方の箱を選ぶことです。しかし、この選択は、超能力者の予言についてのプレーヤーの見積もり（箱Ｂだけを選ぶ）と矛盾するので、心理学的ゲームのナッシュ均衡にはなりません。

（2）超能力者の予言は「両方の箱を選ぶ」であろうと、プレーヤーが見積もった場合

この見積もりのもとでは、箱Ｂだけを選べば０円ですが、両方の箱を選べば1000円となりますから、プレーヤーの利得を最大にするのは両方の箱を選ぶことです。この選択は、超能力者の予言についてのプレーヤーの見積もり（両方の箱を選ぶ）と一致しているので、心理学的ゲームのナッシュ均衡になります。

こうして、心理学的ゲーム理論によれば、支配戦略のもとでの結果と同様に、プレーヤーは両方の箱を選ぶべきであることがわかりました。

期待利得最大化の原理を改善し、超能力者の予言に関するプレーヤーの合理的な見積もりを考慮した心理学的ゲーム理論は、支配戦略と期待利得最大化という２つの原理の結論が矛盾するというニューカムのパラドックスを解消したのです。

人間行動の機微をモデル化

心理学的ゲーム理論のように、「自分の選択に関する相手の予測」に関する自分の予測といった、高いレベルの推論を行うことを前提とした分析手法は、最近では「互恵性」や「罪意識」といった、人が他者に対して感じる感情をモデル化するために応用されています。

互恵性とは、「目には目を、歯には歯を」という言葉に表されるように、相手から良いことをしてもらえばお礼をし、相手から嫌なことをされれば仕返しをするということを意味します。つまり、善には善を、悪には悪を返すということです。

この互恵性をゲーム理論によってモデル化する際には、自分の行うことが相手にどう受けとめられるかを予測しなければなりません。これはまさに心理学的ゲーム理論で考えた、高いレベルの推論そのものです。

自分がするつもりの選択が相手にとって良いことであれば、相手はきっと自分にとって良いことでお礼をしてくれるでしょうし、悪いことならば仕返しをしてくるでしょう。そこで、相手は自分がするつもりの選択をどう受けとめるかを予測したうえで、自分の選択を決めるという推論を考えれば、互恵性をモデル化したことになります。

この章末のコラムにも関連した事柄を書きましたが、労働者を一生懸命働かせるために互恵性を利用するという考えがあります。それを単純化したものが「贈与交換ゲーム」です。このゲームでは、まず企業が労働者に賃金を提示します。続いて、労働者が提示された賃金を見たうえで、労働に対する努力水準を決定します。この努力水準に応じて、成果物の量が決まります。成果物が多いほど、企業利潤が高くなります。

ここで労働者の努力水準の決定が、賃金の提示後になされることに注意してください。労働者にとってはどれだけ努力してもすでに賃金は決まっているので、一生懸命働く気は起きません。むしろ、どのみち賃金は同じなら、できるだけ努力をしないという選択をするでしょう。それを予期している企業は、賃金をなるべく低くしようとするでしょう。こうして贈与交換ゲームのナッシュ均衡は、企業はなるべく低い賃金を提示し、それを見た労働者はできるだけ努力をしないということになります。

ところが、実験室に被験者を集めてこのゲームをプレーする実験をすると、企業は比較的高い賃金を提示し、それを見た労働者も高い努力水準を示すのです。それは、労働者が互恵性に導かれているからです。つまり、企業は高い賃金を支払うことで自分に対して良いことをしてくれた。だから、自分も一生懸命努力して良いことでお返ししたい。そういうロジックが働いているのです。こうした実験結果はナッシュ均衡では予測できないものですが、心理学的ゲーム理論にもとづく互恵性を考慮すると、うまく説明できるのです。

こうしたモデル化を通じて、ゲーム理論はますます人間行動の機微を明らかにできるようになってきているのです。

情報の非対称性

全知のパラドックスやニューカムのパラドックスは、相手の選択を予言できるプレーヤーがゲームに参加すると何が起こるかを述べたものでした。これは広い意味での、プレーヤー間の知識の差を問題にしています。

一方、たとえば、ポーカーにおいては、相手のもつカードの内容は知りえないという意味での情報の不確実性があります。ゲーム理論では、このようなプレーヤー間の情報上の格差を「情報の非対称性」と呼んでいます。これは、全知のパラドックスなどとは別の意味の、知識の問題であるといえます。

全知のパラドックスやニューカムのパラドックスなどでは、ゲームのルール、つまり、誰が参加しているか（プレーヤーの集合)、何が選べるか（戦略の集合)、何が得られるか（利得関数）については、すべてのプレーヤーが共通に確実な情報を持っています（共有知識)。これらのパラドックスで問題になったのは、相手がどの戦略を選ぶつもりなのかに関する情報の不足、つまり、戦略的な不確実性だったのです。

これに対し、情報の非対称性が存在するときに問題になるのは、利得関数に関する情報を、プレーヤーの一部または全部が不確実にしかもっていないということです。言い換えれば、利得関数が共有知識になっていないのです。

では、利得関数が共有知識になっていないと、ゲームにどのような影響を与えるのでしょうか。次の章では、プレーヤーの利得関数を知らない第三者がゲームのルールを変更してプレーヤーの行動をパレート効率的な結果に誘導しようとする「メカニズム・デザイン」と呼ばれる問題について考えていくことにします。

コラム 4

労働者を一生懸命働かせるには？

企業内では労働者に比べて、その仕事を監視する管理職の数は少ないので、一人ひとりの労働者の働きぶりを逐一見張っていることはできません。そこで、労働者には「仕事の手を抜く」というインセンティブが生まれます。

もちろん労働者の成果物を見て、あまり成果が上がっていなければ仕事をさぼっていたと判断することはできます。しかし、成果が上がらないのは労働者の努力が足りないからなのか、それとも外的要因（景気が悪いなど）によるのかは、仕事ぶりを監視していない以上、立証が難しい事柄です。

そこで管理者としては、どうせ労働者は見ていないところで仕事をさぼるからと、給与を低く設定したくなる誘惑に駆られるかもしれません。でも、それはあまり得策とは言えません。むしろ給与は高めに設定したほうがうまくいくというのが、ゲーム理論の予想なのです。どうしてでしょうか？

労働者の給与を高く設定した場合を考えてみます。管理者は一人ひとりの労働者をいつも監視できなくとも、定期的に巡回はしているとします。すると労働者には、たまたま仕事をさぼっているところを見られて首になり、せっかくの高給与の職を失いたくないという気持ちが生まれます。また、高給与をもらうことで自分は信頼されているという気持ちになり、ちゃんと働いてその信頼に応えたいという動機も生まれてきます。

労働者がさぼる可能性があるときは高給を与えるという、一見パラドキシカルな解決法が実際にうまくいくことは、実験室実験や実地の調査でも確認されています。

第5章

メカニズム・デザイン論

第3章で、相関均衡という考えを通じて、協調問題を解決するためのルール作りの話をしました。ゲーム理論ではメカニズム・デザイン論と呼ばれて議論されているこうした問題について、この章ではさらにさまざまなケースをもとに考えていきます。

まずは、わたしたちが身近に遭遇する例をいくつかとりあげてみましょう。はじめに兄弟姉妹でどうやってケーキを公平に分けるかという問題を通して、公平分割に関してよく知られている解法をゲーム理論の観点から分析し、「公平」という概念に潜む問題点を洗い出してみます。

公平とは何か

アキコとカズオが1つのケーキを分けようとしています。この2人の間でケーキを公平に分けるには、いったいどのようなルールを設計すればよいでしょうか。これは「ケーキ・カットの問題」として知られる、公平分割に関する問題です。

考えるにあたっては、まず公平とは何か、その基準を明らかにしておかなければなりません。代表的な公平性の基準は次の2つです。

(1) 平等性：2人とも、各自の評価基準で見て、自分がケーキの価値の少なくとも$\frac{1}{2}$を受けとることができるとき、そのような分割を平等であるといいます。

(2) 衡平性：2人とも、各自の評価基準で見て、相手が自分より多く受けとっていないと感じるとき、そのような分割を衡平（ねたみのない状態）であるといいます。

ここで「各自の評価基準で見て」という言葉に注目して

ください。アキコとカズオではそれぞれ好みが違うので、同じ量の配分でも2人はそれぞれ違う印象を持つ可能性があります。したがって、ある分割が公平であるかどうかは、ケーキの重さや量ではなく、2人がそれぞれの好み（評価基準）で見て公平と感じなければならないわけです。

公平を実現する例題としてのケーキ・カット問題には、さまざまな方法が提案されています。たとえば1人がケーキを2つに切って、もう1人がどちらか好きなほうを選ぶ、という有名なカット&チューズ法というものがあります。ここでは、「ナイフ移動法」を紹介します。

ナイフ移動法（2人の場合）

まず中立的な第三者である審判が、ナイフをケーキの左端に構えます。合図とともに、審判はナイフをゆっくりと右へスライドさせていきます。途中、どちらか一方（たとえばアキコ）が「ストップ」と叫ぶと、審判はナイフの動きを止めて、そこでケーキを2つに切ります。「ストップ」と叫んだ人（アキコ）はナイフから見て左側（ナイフが移動してきた側）にあるケーキを受けとり、他方（カズオ）が残った右側のケーキを受けとります。

この方法によって生み出される分割は、さきほどの平等性と衡平性の両方の基準を満足しています。なぜそういえるのでしょうか。

少し考えてみると、この方法ではアキコもカズオも、ナイフから見て左側にあるケーキの量が自分の評価基準で見てちょうど$\frac{1}{2}$になったときに「ストップ」と叫ぶのがよいことがわかります。

なぜなら、もしナイフから見て左側のケーキが自分の評価基準で見て$\frac{1}{2}$になる前にストップをかければ、いうまでもなく自分の取り分は$\frac{1}{2}$より少なくなって損をします。

また、逆にナイフから見て左側にあるケーキが自分の評価基準で見て$\frac{1}{2}$を超えてもストップをかけなければ、相手に先にストップをかけられて、自分の取り分は右側の$\frac{1}{2}$より少ないほうになってしまうリスクがあります。

したがってアキコもカズオも、自分の評価基準で見てちょうど$\frac{1}{2}$のところでストップをかけることが最適となるのです。

さて、このとき、ストップをかけた側は自分の評価基準で見てちょうど$\frac{1}{2}$を受けとるので、当然ながら「平等性」の基準を満たしています。また、ストップをかけなかった側は、いま述べたようなことを考えてそれでもストップをかけなかったのですから、その人の評価基準で見て$\frac{1}{2}$のところまでナイフが到達していないはずです。ということは、その人はケーキの右側を$\frac{1}{2}$より大きいと感じているはずなので、「少なくとも$\frac{1}{2}$以上」という平等性の基準はやはり満たされています。

「衡平性」については、まずストップをかけた側は、自分の評価基準で見てちょうど$\frac{1}{2}$であると認識しているので、相手も「自分の評価基準で見て」自分と同じ価値のケーキを受けとっていると認識するはずです。つまり、相手のほうが自分より多いとは感じないはずです。また、ストップをかけなかった側は、その人の評価基準で見て、ケーキの右側のほうが$\frac{1}{2}$より大きいと感じているはずなので、やはり相手が自分より多く受けとったとは感じないはずです。よって衡平性の基準も満たされています。

このようにナイフ移動法を用いれば、平等性と衡平性の両方を満たすようにケーキを公平に２人に分割できます。しかも、この方法のよいところは、もっと人数が多い場合にも容易に拡張できる柔軟性をもっていることです。今度は、アキコ、カズオ、サチコの３人で１つのケーキを公平に分割する方法を考えてみます。

ナイフ移動法（3人の場合）

まず中立的な第三者である審判が、ナイフをケーキの左端に構えます。次に合図とともに審判がゆっくりとナイフを右へスライドさせていきます。途中、３人の誰か（たとえばアキコ）が「ストップ」と叫ぶと、審判はナイフの動きを止めて、そこでケーキを２つに切ります。「ストップ」と叫んだ人（アキコ）は、ナイフから見て左側にあるケーキを受けとります。

そのあと審判は、ストップした場所からナイフの移動を再開します。まだケーキをもらっていない２人のうち１人（たとえばカズオ）が「ストップ」と叫ぶと、審判はナイフの動きを止めてそこでケーキを切ります。「ストップ」と叫んだ人（カズオ）は、残っているケーキのうちナイフから見て左側にあるケーキを受けとります。最後に残った１人（サチコ）が残った右側のケーキを受けとります。

この方法でも２人の場合と同様に、まず誰かがその人の評価基準で見てちょうど$\frac{1}{3}$のところでストップをかけ、続いて残った２人のうちどちらかがその人の評価基準で見てちょうど$\frac{1}{2}$のところでストップをかけることが、３人にとって最善であることがわかります。

また、こうして生み出された分割が平等性の基準を満足することは、さきほどと同じように示すことができます。

ナイフ移動法の問題点

ところが、この方法では衡平性の基準は満たさないことがあるのです。なぜなら、最初に自分の評価基準で見て$\frac{1}{3}$のケーキを受けとったアキコは、残ったケーキの分割には関与できないからです。つまり、残ったケーキは確かにアキコの評価基準で見てちょうど$\frac{2}{3}$なのですが、それをどう分けるかはカズオとサチコの評価基準でなされるため、必ずしもアキコの評価基準で見てちょうど$\frac{1}{2}$（つまりケーキ全体の$\frac{2}{3}\times\frac{1}{2}=\frac{1}{3}$）に分けられるとはかぎらないのです。

もしかしたらアキコは、カズオかサチコのどちらかが自分の評価基準で見て$\frac{1}{3}$以上、つまり自分より多く受けとったと思うかもしれません。だから、衡平性の基準は満たされないのです。

このように、3人以上の場合に適用しようとすると、ナイフ移動法では衡平性を満たす配分ができなくなります。ところが、それだけではありません。実はナイフ移動法は2人の場合においてさえも問題があるのです。

それは、平等性と衡平性の両方を満たす配分が、パレート効率性を満たさない場合があるという問題です。

たとえば、フルーツ・ケーキをアキコとカズオで分割する場合を考えます。

ナイフ移動法で分けると、2人がどんな好み（評価基準）をもっていようとも、確かに平等性と衡平性の両方の基準を満たす配分が実現します。それにもかかわらず、その配分はパレート効率性を満たさない場合があるのです。

仮にここで、アキコはフルーツが好きだが、カズオは嫌いだとします。この場合、カズオの取り分からフルーツの部分を取り出してアキコに与える代わりに、それに相当する満足を与えるケーキ生地をアキコがカズオに与えるという交換をしたほうが、アキコとカズオの双方の満足をより増加させることになるはずです。

つまりこの場合は、単純なナイフ移動法による分割は、プレーヤー全員にとって最善となるパレート効率的な結果をもたらしていないことになるのです。

一般に、パレート効率性と公平性の両方を同時に満たすようなルールを設計することは、非常に難しいとゲーム理論では考えられています。

ソロモン王のジレンマ

メカニズム・デザイン論に関して、ケーキ・カットという身近な例をとりあげて、よりよい配分を求めるルールについて検討しました。ナイフ移動法では公平な配分は実現できますが、パレート効率的な配分は実現できない場合があることが示されました。

このように、わたしたちの身の回りの問題解決のために提案されたルールの中には、十分に満足がいかないものも存在します。では、いったいどういう問題であればルールをうまく設計でき、どんな問題であればうまく設計できないのでしょうか。次はこれについて考えていきます。

一般にメカニズム・デザイン論では、ゲームのルールを設計する人（デザイナー）と、そのルールのもとでプレーするプレーヤーたちの間には、情報の非対称性があると考えます。そのうえで、特定の基準や条件を満たすルールを設計することを考えるのです。

情報の非対称性については、前章でも知識の問題にからめていろいろな説明をしました。なかには、プレーヤーの側で難しい推論をしなければならない問題もありました。読者のみなさんも、一般にメカニズム・デザイン論で考えている問題は、非常に解決が難しいと予想されているかもしれません。そして、それは事実なのです。

そのポイントを、今度は有名な「ソロモン王のジレンマ」を例にとって説明しましょう。

非対称情報のもとでのゲーム設計

ソロモン王は紀元前10世紀ころの古代イスラエルの国王で、多くのすぐれた政策によって国を隆盛に導いた人物です。旧約聖書の「列王記上」3：16－28には、ソロモン王の知恵を示すあるエピソードが記されています。

２人の女性が１人の赤ん坊を伴いソロモン王のもとにやってきます。２人にはそれぞれ１人ずつ赤ん坊がいたのですが、一方の赤ん坊が不慮の出来事で死んでしまったのです。ところが、赤ん坊を失った女性が、もう一方の赤ん坊を自分の子だと言い出しました。そこで２人は、どちらが生き残った赤ん坊の本当の母親か、王に裁定してほしいと訴えたのです。

２人の女性たち自身は、どちらが本当の母親であるかを知っています。しかし、王は知りません。このように、王と女性たちの間には情報の非対称性があります。女性たちは自分に有利な裁定をしてもらおうと、本当のことを知らない王に自分こそが本当の母親であると主張するので、まったくらちがあきません。

そこで王は、赤ん坊を剣で真っ二つに切り裂いて、それぞれの女性に半分ずつ引き渡すという裁定を下します。それを聞いて、一方の女性は、赤ん坊を殺すくらいなら相手に引き渡してくださいといいました。もう一方の女性は、赤ん坊が自分のものにならないくらいなら、どうぞ剣で切り裂いてくださいといいました。王はこのやりとりを通じて、前者の女性こそが本物の母親であると見抜くのです。

ソロモン王が直面したこの問題を、メカニズム・デザイン論で考えてみます。

いま、２人の女性をそれぞれＡさん、Ｂさんとします。また、Ａさんに赤ん坊を割り当てるという結果をa、Ｂさんに赤ん坊を割り当てるという結果をb、赤ん坊を剣で切り裂くという結果をcと表します。

ＡさんとＢさん、どちらの女性が本当の母親かをソロモン王は知りませんが、本物の母親なら、赤ん坊が自分に割り当てられることをもっとも望み、次に相手に赤ん坊が渡ることを望み、赤ん坊が切り裂かれることはもっとも望まないはずだと王は考えています。また、偽の母親なら、赤ん坊が自分に割り当てられることをもっとも望み、次に赤ん坊が切り裂かれることを望み、相手に赤ん坊が渡ることはもっとも望まないはずだと王は考えています。

Ａさんが本当の母親であるときの２人の希望の組み合わ

せは、表５－１の上のようになっているはずです。

２人のこの希望の組み合わせをRと呼ぶことにすると、Rという状況下では、本当の母親であるＡさんに赤ん坊を割り当てること、つまり、結果aを実現することが、ソロモン王の目標（これを社会選択関数といいます）ということになります。ソロモン王の目標をFとすると、この場合のFは、$F(R)=a$と表されます。

次に、Ｂさんが本当の母親であるときの２人の希望の組み合わせをR'とすると、R'は表５－１の下のようになります。この場合、ソロモン王の目標Fは$F(R')=b$と表されます。

つまりソロモン王は、RとR'のどちらが本当の２人の希望の組み合わせなのかを知らないという非対称情報の状況で、どちらの場合であってもつねに、自分の設定した目標

R	1位	2位	3位
Aさんの希望	a	b	c
Bさんの希望	b	c	a

Aさんが真の母親

R′	1位	2位	3位
Aさんの希望	a	c	b
Bさんの希望	b	a	c

Bさんが真の母親

表５－１　２人の希望の組み合わせRとR'

Fを実現するような配分を決定する（メカニズムと呼ばれる）ゲームGを設計しなくてはならないのです。

実現できない目標

このゲームGで２人の女性は、どちらが真の母親かというメッセージをソロモン王に告げるものとします。

メッセージ「真の母親はＡである」をm_A、メッセージ「真の母親はＢである」をm_Bとします。するとゲームGは、ＡさんとＢさんという２人のプレーヤーが、それぞれメッセージm_A、m_Bのどちらを選んで王に告げるかというゲームであると考えることができます。

たとえばソロモン王が表５－２のようなゲームを設計したと考えてみます。このゲームで両方の母親がm_Aを告げれば結果aに、両方がm_Bを告げれば結果bに、２人の意見が違えば結果cに決まります。

ところが、実はこのゲームでは、ソロモン王は目標Fを実現できないのです。

たとえば真の母親がＡさん、つまり２人の希望の組み合わせがRであるとします。このとき、ソロモン王の目標は$F(R)=a$です。

Ｂさんにとってはこの場合、つねにm_Bを選ぶのが最適の戦略となります。なぜなら表５－１の左にあるＢさんの希望に従えば、Ａさんがm_Aを選ぶときは、Ｂさんはm_Aを選んで結果aとなるよりは、m_Bを選んで結果cとなったほうが望ましく、またＡさんがm_Bを選ぶときは、Ｂさんはm_Aを選んで結果cとなるよりはm_Bを選んで結果bとなったほうがよいからです。

もっとも、このようにまわりくどく考えなくても、Ｂさんがつねにm_Bを選ぶのは当然のことと読者は思われるでしょう。そして、Ａさんにとってはm_Aを選ぶのが最適の戦略であることもまた、当然に思えます。しかし、Ａさんのほうはそうではないのです。

Ｂさんがm_Bを選ぶことは確実です。そして、Ａさんはそのことを知っています。このときＡさんは、m_Bを選んだほうがよいという結果になるのです。というのは、希望の組み合わせがRのとき、表５－１の上によれば、Ｂさんがm_Bを選ぶとき、Ａさんはm_Aを選んで結果cとなるよりは、m_Bを選んで結果bとなったほうがよいからです。

よって、希望の組み合わせがRのとき、ゲームGのナッ

利得表

B / A	m_A	m_B
m_A	a	c
m_B	c	b

Aさんが真の母親（希望の組み合わせR）の場合

B / A	m_A	m_B
m_A	a	c
m_B	c	b

Bさんは、つねに
m_Bを選ぶのが
最適戦略である

B / A	m_A	m_B
m_A	a	c
m_B	c	b

Bさんがつねに
m_Bを選ぶことを
知っているAさんは、
m_Bを選ぶのが
最適戦略である

B / A	m_A	m_B
m_A	a	c
m_B	c	b

したがって、ナッシュ
均衡は（m_B, m_B）
となる（結果はb）

⬇

ソロモン王は目標Fを
実現できない！

表5－2　「ソロモン王のジレンマ」ゲームGの利得表

シュ均衡は（m_B，m_B）となり、そのとき実現する結果はbになります。これはソロモン王が実現したかった結果aとは食い違ったものになってしまっています（表５－２）。

同様に、真の母親がＢさん、つまり２人の希望の組み合わせがR'の場合は、Ａさんにとってはつねにm_Aを選ぶのがよいことがわかり、このＡさんの選択をもとに考えると、Ｂさんはm_Aを選んだほうがよいことがわかります。よって、この場合のゲームGのナッシュ均衡は（m_A，m_A）となり、実現する結果はaとなります。これもソロモン王が実現したかった結果bとは異なります。

つまり、真の母親がどちらの女性であろうとも、ゲームGではソロモン王の目標Fを実現できないのです。

マスキンの単調性

この結果は、たまたまゲームGを表５－２のように設計したからそうなっただけで、もっと別なゲームを設計すれば、ソロモン王の目標Fを実現できるのではないかと考える人もいるかもしれません。実際、この利得表の各セルに入りうる要素はa、b、cの３通りで、セルは全部で４つあるのですから合計$3^4=81$通りのゲームがありうるはずです。その中の１つくらいは、ソロモン王の目標Fを実現するようなゲームが存在してもよさそうなものです。

しかし、実はそのどれもが、ソロモン王の目標Fを実現することはできないことがわかっています。

なぜソロモン王は目標Fを実現するゲームをつくれないのでしょうか？　それは目標Fがメカニズム・デザイン論において重要な条件のひとつである「マスキンの単調性」

を満たしていないからです。

マスキンの単調性とは、ゲームを設計するデザイナーの目標に関する次のような条件です。

いま２人の女性の好みの組み合わせがRのとき、デザイナーの目標Fが$F(R)=a$であるとします。ここで、２人の希望の組み合わせがRからR'に変わったとします。Ａさんがあくまで結果aを最も望んでいることに変化はありませんが、Ｂさんは、Rのときには最下位だった結果aが、R'に変わると２位に上昇しています。これは、結果aがRのときよりもR'のもとでは、２人にとってより好ましい結果になったことを意味しています。つまり、Rのもとでaが選ばれるのであれば、R'のもとではなおさらaが選ばれるべきです。

このように、ある希望の組み合わせのもとで選ばれている結果が、希望の組み合わせが別の状態に移ったとき、当事者がその結果をより望ましく思うようになっているならば、ゲームのデザイナーもそれを選ぶように要請するという条件を「マスキンの単調性」といいます。

マスキンの単調性は非常に自然に思える条件です。しかし、ソロモン王が設定した目標Fでは$F(R')=b$なので、この条件を満たしていません。ソロモン王の実現したい目標Fは、マスキンの単調性という条件を満たしていないがゆえに、２人の女性の希望との間に対立が生じてしまうのです。

２人の女性の希望が聖書の物語通りに設定されたものであるかぎり、ゲームをどのように設計しても、２人の選択をソロモン王の目標Fと一致させることはできないというジレンマが生じてしまうのです。

2段階ゲームによるジレンマの解消

では、マスキンの単調性を満たしていない目標Fについては、それを実現するゲームGを設計することはできないのでしょうか。

実は、次の2つのような条件が両方とも成り立つなら、このジレンマは簡単な方法で解決できます。

（1）AさんとBさんがそれぞれ赤ん坊にどれだけの価値をおいているかを、AさんとBさんが互いに知っている。

（2）2人の意見が一致しない場合には、ソロモン王は2人に対してなんらかの金銭的なやりとり（罰金の賦課など）を実施してもよい。

具体的には、次のような2段階ゲームを設計します。

2人の女性はどちらが本当の母親であるか知っていますが、ここではさらに、条件の（1）に従って、赤ん坊を手に入れたときの喜びを金銭で評価するとどれくらいになるかを客観的に数値化でき、しかも互いにその値を知っていると仮定します。なお、赤ん坊に対する真の母親の評価をV_H、偽の母親の評価をV_Lとするとき、$V_H > V_L > 0$とします。

ただし、どちらが真の母親かを知らないソロモン王は、どちらの女性の評価がV_Hであるかは知りません。

これらの前提で、次のような2段階ゲームを考えます。

①まず、Aさんが王に告げるメッセージとして、メッセージm_A「真の母親はAである」、メッセージm_B「真の母親はBである」のどちらかを選びます。もしAさんがメッ

セージm_Bを選べば、赤ん坊はＢさんのものになり、ゲームは終了です。もしＡさんがメッセージm_Aを選べば、今度はＢさんの手番になります。

②Ｂさんもまた、メッセージm_A「真の母親はＡである」、メッセージm_B「真の母親はＢである」のどちらかを選びます。もしＢさんがメッセージm_Aを選べば、赤ん坊はＡさんのものになり、ゲームは終了です。もしＢさんがメッセージm_Bを選べば、赤ん坊はＢさんのものになりますが、このとき２人の意見は一致していないため（Ａさんがm_A、Ｂさんがm_B）、条件の（２）に従ってＡさんは罰金x（$x>0$）、Ｂさんは罰金yを支払います。ただし$V_H>y>V_L$とします。

この２段階ゲームをゲーム・ツリーに表したものが図５－１です。ゲームは図の左から右へと進んでいきます。

はじめにＡさんがm_Aかm_Bを選び、続いてＢさんがm_Aかm_Bを選びます。（Ｂ，０，０）などとあるのはゲームの結果で、左の文字は赤ん坊が誰に与えられたか、中央がＡさんが支払う罰金（支払わない場合は０）、右がＢさんが支払う罰金（支払わない場合は０）を示しています。

では、このゲームの結果はどのようになるのでしょうか。結論を先にいえば、次のような結果になります。

（１）Ａさんが真の母親である場合、Ａさんがm_Aを選び、Ｂさんもm_Aを選ぶことが最適戦略です。この場合、２人とも罰金を支払うことなく、赤ん坊はＡさんのものになります。結果は（Ａ，０，０）です。

（２）Ｂさんが真の母親である場合、Ａさんはm_Bを選ぶことが最適戦略になり、ゲームは終了です。２人とも罰金

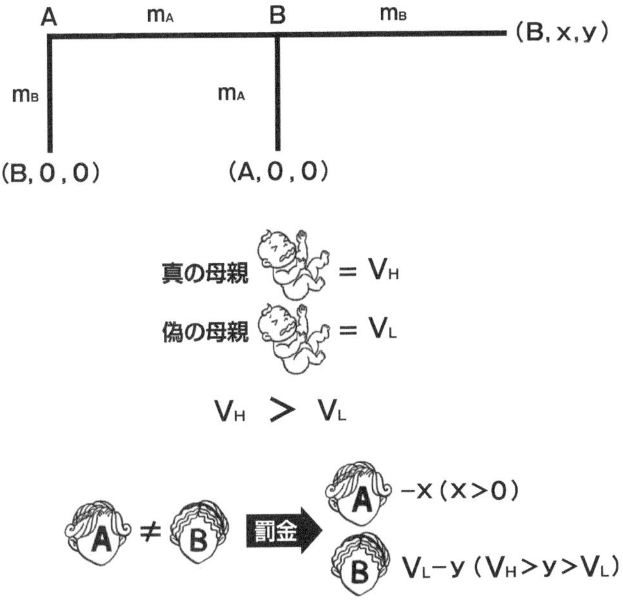

図5－1　2段階ゲームのゲーム・ツリー（上）と、その条件（Aさんが真の母親の場合）

を支払うことなく、赤ん坊はBさんのものになります。結果は（B, 0, 0）です。

つまり、いずれにせよ罰金は発生せず、真の母親に赤ん坊を与えるというソロモン王の目標Fが達成されるという結果になるのです。こうなる理由を次に示します。

（1） Aさんが真の母親である場合

このとき、はじめに手番となるAさんはm_Aとm_Bのどちらがいいかを判断しなければなりませんが、m_Aを選んだ場合、どういう結果になるかは、そのあとのBさんの選択を予想しないとわかりません。

では、実際Aさんがm_Aを選んでBさんの手番になると、Bさんはどうするでしょうか。m_Aを選べば、2人とも罰金を支払わなくていいかわりに赤ん坊はAさんのものになります。Bさんは何も得ないかわりに何も支払いませんから、利得は0です。もしm_Bを選べば、赤ん坊はBさんのものになりますがBさんは罰金yを支払わなくてはいけません。ここでの前提より、Bさんは本物の母親ではないので、赤ん坊の評価はV_Lです。Bさんが支払う罰金yは$V_H > y > V_L$でしたから、BさんはV_Lの価値の赤ん坊を得てV_Lより高い罰金yを支払うことになり、利得はマイナスです。結局、Bさんにとってはm_Aを選んだほうが得ということになります。

こうしてBさんの出方を予想できたAさんは、自分がm_Aを選べば、相手もm_Aを選んで、罰金を支払うことなく赤ん坊を自分のものにできることがわかります。

（2） Bさんが真の母親である場合

Aさんがm_Aを選んでBさんの手番になると、Bさんがm_Bを選んだ場合は、V_Hの価値の赤ん坊を得てV_Hより小さい罰金yを支払うので、Bさんの利得はプラスになります。これは、m_Aを選んで何も得ない場合よりもBさんには好ましいので、Aさんがm_Aを選んだ場合、Bさんはm_Bを選ぶのが最適な選択です。しかし、この場合、Aさんは罰金xを支払わないといけません。それならば、はじめからAさんはm_Bを選んで、罰金を支払うことなく赤ん坊をBさんに譲ったほうがいいはずです。こうしてBさんは罰金を支払うことなく赤ん坊を自分のものにできます。

こうして、2段階ゲームを用いることで、ソロモン王のジレンマは解決できることがわかります。

ソロモン王のジレンマは、ある賞品（賞金）を、金銭的なやりとりなしにプレーヤーA、Bのうち、より高く評価しているほうの所有とするにはどうすればよいかという問題と見ることができます。したがってこの方法はほかのケースにも広く適用できます。たとえば、離婚した夫婦の間で養育権を争っている場合について、どちらに権利を与えるべきかの決定に利用することができるでしょう。

この章では、問題となっている状況に新たにルールを設計してゲームを変え、プレーヤーたちにとってより望ましい結果に誘導できないかというメカニズム・デザインの問題を考えました。

ケーキ・カットの問題では、公平性とは何かについていくつかの定義を定めましたが、２人の場合と３人以上の場合では、公平性に関する２つの定義については重大な違いがあることを見ました。さらに、公平な分割ができても、それは必ずしもパレート効率的ではない場合があることも示しました。

ソロモン王のジレンマについては、王の目標とナッシュ均衡とを一致させる問題について、それが不可能であることを示したうえで、２段階ゲームを用いればうまく解決できることを見ました。

このようにメカニズム・デザインの問題には、うまく解決ができる場合とできない場合があるのです。次の章では、投票にまつわる問題に焦点を絞って、さらにメカニズム・デザインの問題を考えていきます。

コラム⑤

オークションと「勝者の呪い」

匿名の相手どうしで取引をするネット・オークションには、リスクがあります。たとえば、販売されている商品の状態は売り手しか知らないので、買い手は代金を支払ったあと、受け取った商品の状態が予想していたものと違うため落胆させられることもあるでしょう。もちろん売り手に対してマイナス評価をすることはできますが、商品価値に比べて割高な料金を支払ってしまったという事実は残ります。これはゲーム理論で「勝者の呪い」と呼ばれている現象の一例です。

「勝者の呪い」という現象は、油田採掘権の入札でも多くみられます。原油は貴重な天然資源なので、誰もが油田採掘権を手に入れようと競争します。ところが、いざ落札したあとで油田を採掘してみると、想像していたよりも少ない量しか採れないということが起こりえます。このときにも、商品価値に比べて高い料金を支払ったという事態が発生しています。

これらは事前に商品価値が不明な例ですが、事前に商品価値がわかっている場合でも「勝者の呪い」は発生します。それは次のような実験をすれば簡単に体験できます。

まず商品として1000円札を用意します。それをオークションで競ります。ただし、勝者は自分がつけた価格を支払って1000円を受け取りますが、敗者は自分のつけた価格を支払い、何ももらえないとします。オークションが始まり、みんなが値をつけはじめると、落札しないかぎりは支払うだけで何ももらえないので、みんな必死に価格を吊り上げるようになります。最終的な落札価格が1000円を超えることも珍しくありません。

こうして人は「勝者の呪い」にとらわれてしまうのです。

第6章
不可能性定理

本章では、前章のメカニズム・デザインの議論を受けて、投票制度のデザインに関連して、いくつかの**不可能性定理**について紹介します。

それは、理想的な条件を満たす投票のルールは論理的にデザインできないということを示す定理です。投票の問題に限らず、こうした不可能性定理は数多くの事例で発見されています。これは、わたしたち人間の社会にできることには限界があるということを示すものです。

しかし、悲観しないでください。何もかもすべてがうまく調整された理想社会は設計できないからこそ、わたしたちはゲーム理論を学び、日々をしたたかに生きる知恵を学ぶ必要性があるのです。

なお、前章で見たソロモン王のジレンマと、ここで考える投票制度の問題の大きな違いは、プレーヤーの選好（希望や好み）が固定されていないことです。

ソロモン王の問題では、２人の女性の選好は（どちらが本当の母親かによって変わりますが)、ある一定のパターンに限られていました。しかしこの章で最終的に示したいアローの不可能性定理やギバード＝サタースウェイトの不可能性定理といった不可能性定理では、プレーヤーは考えられるすべての選好をもちうるという想定をします。その意味で、非常に一般的な問題を考えることになります。

投票制度の問題ではこれまでにも数多くのパラドックスが発見されてきました。それらは必ずしもすべてがゲーム理論やメカニズム・デザインの問題ではないのですが、最終的にはそこにつながっていくものです。多少遠回りに見えるかもしれませんが、我慢しておつきあいください。

アメリカ建国時代の議席割り当て問題

議会における議席数の割り当てをどのように決めるべきか。これは、アメリカ合衆国がイギリスから独立後、合衆国憲法の制定に取り組みはじめた18世紀後半から、議会や学者を巻き込んで大いに議論された課題でした。このとき、アレグザンダー・ハミルトンやトーマス・ジェファーソンといった歴史上有名な政治家たちが、熱く議論を戦わせました。ここではまず、これらアメリカ建国の父たちの名を冠した議席割り当て決定方法について、どのような問題があったのか検討してみましょう。

アメリカ合衆国では、あらかじめ決まっている総議席数から、各州の代表に議席が割り当てられます。その際、各州の議席数は以下の３つの条件を満たすように配分するべきだと考えられました。１票の重みをなるべく各州で均等化すべきであるとの考え方からです。

条件１　割り当て方法は、州の人口数に関する情報のみにもとづくものとし、特定の州をひいきしない

条件２　割り当て方法は、ただ１つの答えを導く

条件３　割り当て方法は、州の人口数の相対的大きさのみにもとづく

ハミルトン方式とアラバマ・パラドックス

アレグザンダー・ハミルトンによって最初に提案されたのが、次のような方式でした。これは「ハミルトン方式」と呼ばれています。

はじめに各州のクォータ（取り分）を求めます。クォー

州	人口数	クォータ	割当議席数
A	7,270,000	14.24	14
B	1,230,000	2.41	3
C	2,220,000	4.35	4
計	10,720,000	21.00	21

表6－1　ハミルトン方式による議席割り当て

タとは、合衆国総人口数に対する各州の人口数の比に総議席数をかけた値のことです。クォータを求めたら、その整数部分に相当する議席数を、まず各州に割り当てます。そのあと、余った議席を、今度はクォータの小数部分が大きい州から順に、議席がなくなるまで割り当てていきます。

ここでは話を簡略化して、A、B、Cの３つの州からなる国でどのように議席数を割り当てるかを示します（表6－1）。総議席数は21で、３つの州を合計した総人口は10,720,000人とします。

まずは、クォータを求めます。A州の人口数7,270,000を総人口数で割ります。

$$7{,}270{,}000 / 10{,}720{,}000 = 0.678$$

これに総議席数21をかけます。

$$0{,}678 \times 21 = 14.24$$

これがA州のクォータになります。B州、C州についても同様に計算します。

次に、求めたクォータの整数部分にあたる数だけ各州に

州	人口数	クォータ	割当議席数
A	7,270,000	14.92	15
B	1,230,000	2.52	2
C	2,220,000	4.56	5
計	10,720,000	22.00	22

表6－2　アラバマ・パラドックス

議席を割り当てます。A州に14議席、B州に2議席、C州に4議席が割り当てられます。すると、この合計は20議席となり、総議席数21まであと1議席が余っています。この余った1議席は、クォータの小数部分がもっとも大きい州（この場合、小数部分が0.41のB州）に割り当てられます。

こうして、表6－1のように各州の議席数が決定します。ハミルトン方式では、このように非常に簡単に各州の割当議席数を求めることができます。

ところが、この方式には「アラバマ・パラドックス」と呼ばれる問題が生じることが知られています。アラバマ・パラドックスとは、総議席数が増加すると、各州の人口数は変わらなくても割当議席数が減少する州があるという現象です。ハミルトン方式を採用してから、アラバマ州への議席配分の際にはじめてこの現象が発見されたことから、この名がついています。

表6－2は、総議席数が増えた場合にハミルトン方式で求めた議席数を示しています。表6－1と各州の人口は変

わっていませんが、総議席数が１議席増えて、22議席になっています。

まず、クォータを求めると、整数部分はさきほどの結果と変わりません。Ａ州に14議席、Ｂ州に２議席、Ｃ州に４議席が割り当てられます。これで合計20議席が割り当てられたことになり、余った残りの２議席は、クォータの小数部分が大きい順にＡ州とＣ州にそれぞれ割り当てられます。したがってＡ州に15議席、Ｂ州に２議席、Ｃ州に５議席が割り当てられることになります。

ところが、この結果を総議席数が21だった表６－１のときと比べると、おかしなことに気づきます。人口構成は不変のままで総議席数が22に増えたのに、Ｂ州が１議席を失っているのです。これがアラバマ・パラドックスです。

ウェブスター方式

このようにハミルトン方式に潜む問題点が明らかになるにつれて、それに代わる方式が探求されはじめました。その中で比較的すぐれていると考えられているのが「ウェブスター方式」です。

この方式ではまず、ある除数を仮に選びます。たとえば総人口数を総議席数で割った値を除数dとします。

次に、各州の人口数をこの除数dで割った値を求めます。これが擬似的なクォータとなります。擬似クォータを四捨五入して整数にした議席数を、各州に割り当てます。

こうして求めた各州の議席数の合計が、総議席数よりも多い（少ない）場合は、総議席数と一致するまで、より大きな（小さな）除数dを選び直して、計算をやり直しま

州	人口数	d=510476.2		d=500000	
		疑似クォータ	割当議席数	疑似クォータ	割当議席数
A	7,270,000	14.24	14	14.54	15
B	1,230,000	2.41	2	2.46	2
C	2,220,000	4.35	4	4.44	4
計	10,720,000	21.00	20	21.44	21

表6－3　ウェブスター方式による議席割り当て

す。選びなおすときはだいたいの見当で構いません。

ウェブスター方式のような、除数を用いる方法を除数方式と呼びます。一般に、各州の議席数の合計が総議席数と等しくなるような除数dは複数あるのですが、どの除数を用いても、各州への議席の割り当ては同じになります。

再び表6－1の例を用いて、今度はウェブスター方式での割当議席数を求めてみます（表6－3）。

はじめに総人口数10,720,000を総議席数21で割って仮の除数を$d = 510{,}476.2$とします。

次に、各州の人口数をdで割った値（擬似クォータ）の小数点以下を四捨五入したものを、各州に割り当てます。すると、A州に14議席、B州に2議席、C州に4議席となります。合計では20議席となり、総議席数21よりも1議席少なくなります。

そこで、より小さな除数dを選び直します。たとえば

$d=500{,}000$として計算をやり直すと、A州に15議席、B州に2議席、C州に4議席が割り当てられ、ちょうど21議席となるわけです。

このウェブスター方式は、議席割り当て問題の解決策としていくつか提案された方式の中で、整合性という条件を満たすただ1つの方式であることが証明されています。整合性というのは、すべての州についての議席割り当て問題と、一部の州の間だけを考慮したときの議席割り当て問題の答えが等しくなることです。

たとえばさきほどの例では、A州とB州では合計17議席を分けあっています。そこで、この2州がウェブスター方式で17議席を分けあうという限定された問題を考えます。

2州の総人口数8,500,000を総議席数17で割ると除数$d=500{,}000$が得られます。2州の人口数をdで割った値の小数点以下を四捨五入して割り当てると、A州は15議席、B州は2議席を得ることになります。

これは表6－3の例で導いた、3つの州で議席配分した場合の結果と同じ議席数になっています。同じことが、ほかのどの2州の組み合わせについてもいえます。

このように全体で考えても部分で考えても同じ結果になることから、ウェブスター方式は整合性という条件を満たしているのです。

また、ウェブスター方式ではアラバマ・パラドックスは決して生じません。たとえば表6－3の例で、議席数が21から22に増加したとします。このとき、$d=493{,}000$とすると各州の割当議席総数は総議席数とちょうど等しくなり、A州に15議席、B州に2議席、C州に5議席が割り当てら

州	人口数	d=487272.7		d=493000	
		疑似クォータ	割当議席数	疑似クォータ	割当議席数
A	7,270,000	14.92	15	14.75	15
B	1,230,000	2.52	3	2.49	2
C	2,220,000	4.56	5	4.50	5
計	10,720,000	22.00	23	21.74	22

表6－4　ウェブスター方式による議席割り当て（総議席数が1増加した場合）

れます（表6－4）。これを総議席数が21の場合の結果（表6－3）と比較してみると、C州の議席が1つ増えているほかに違いはなく、議席を減らしている州はありません。したがってアラバマ・パラドックスは生じていません。

しかし、ウェブスター方式にまったく問題点がないわけではありません。ウェブスター方式では、最終的な各州の議席数が、最初の擬似クォータの小数点以下を四捨五入して割り当てた値よりも上回ったり、下回ったりする場合が生じることがあるのです。これは、議席を1つ得るに当たって必要な人口数に、各州の間で格差が生じる場合があるということを意味しています。つまり、1票の重みを各州で必ずしも均等にはできていないのです。

一方、ハミルトン方式ではその定義上、こうした問題は起こりません。

割り当てられる議席数がクォータの小数点以下を四捨五

入した値を上回ったり、下回ったりする州が生じない方式を「クォータ保持的割り当て方式」と呼びます。ハミルトン方式はクォータ保持的割り当て方式ですが、ウェブスター方式はクォータ保持的割り当て方式ではないわけです。

人口パラドックス

しかし、ハミルトン方式のようなクォータ保持的割り当て方式には、人口が増えた州が１議席失う一方で、人口が減った州が１議席を得るという「人口パラドックス」が生じることがあります。

表６－５の２つの表は、７議席を４つの州Ａ、Ｂ、Ｃ、Ｄに割り当てる場合について、上の表が人口増加前、下の表が人口増加後の状況を示したものです。

２つの表では、州の数や総議席数は同じですが、各州の人口は異なります。Ａ州とＢ州の人口は増え、Ｃ州とＤ州の人口は減っています。

ハミルトン方式による各州の議席割り当ては、次の通りです。

〈上の表〉Ａ→５　Ｂ→１　Ｃ→１　Ｄ→０

〈下の表〉Ａ→４　Ｂ→２　Ｃ→０　Ｄ→１

比較すると、Ａ州とＣ州は議席を１つ失い、Ｂ州とＤ州が議席を１つ増やしています。注目すべきは、Ａ州は人口が増えたにもかかわらず、議席を失っていることです。これが人口パラドックスなのです。

ウェブスター方式による議席数の割り当ては、次の通りです。

〈上の表〉Ａ→４　Ｂ→１　Ｃ→１　Ｄ→１

州	人口数	クォータ	ハミルトン方式による議席配分	ウェブスター方式による議席配分
A	752	5.013	5	4
B	101	0.673	1	1
C	99	0.660	1	1
D	98	0.653	0	1
計	1,050	7.000	7	7

州	人口数	クォータ	ハミルトン方式による議席配分	ウェブスター方式による議席配分
A	753	3.984	4	4
B	377	1.995	2	2
C	96	0.508	0	0
D	97	0.513	1	1
計	1,323	7.000	7	7

表6－5　人口パラドックス

〈下の表〉A→4　B→2　C→0　D→1

比較すると、C州は議席を1つ失い、B州が議席を1つ増やしていますが、B州の人口は増え、C州の人口は減っていますので、この結果は不自然ではありません。

バリンスキー=ヤングの不可能性定理

ハミルトン方式のようなクォータ保持的割り当て方式では、どんな方式でも人口パラドックスを生じることがわかっています。逆に、ウェブスター方式のような除数方式では人口パラドックスは決して生じません。

したがって、アラバマ・パラドックスや人口パラドックスのような不都合を排除したければウェブスター方式のような除数方式を採用すべきです。しかし、除数方式はクォータ保持的割り当て方式ではないので、各州の間で１票の重みを必ずしも均等にはできないという問題があります。

つまり、議席配分上の問題をすべて解決する理想的な方式は存在しないのです。これを発見者であるマイケル・バリンスキーとペイトン・ヤングの２人の名をとって「バリンスキー＝ヤングの不可能性定理」と総称しています（ただ、バリンスキーとヤングは、ウェブスター方式がいろいろな観点から最も問題が少ないと信じているようです）。

コンドルセ・パラドックス

選挙にまつわる問題は、議席割り当て問題だけに限りません。実は、わたしたちがふだん用いている多数決投票にさえ、問題が潜んでいるのです。

いま３人の投票者A、B、Cが、x、y、zの３つの選択肢（たとえば選挙の候補者）について、それぞれ表6－6に示したような好みをもっているとします。たとえばAさんはxを最も好み、次にy、最下位がzというランクづけをしています。

	1位	2位	3位
Aさん	x	y	z
Bさん	y	z	x
Cさん	z	x	y

表6－6　コンドルセ・パラドックス

ここで、３人の意見を集約して、３つの選択肢のうち、どれか１つを選ばなければならないものとします。そこで、３つの選択肢のうち２組ずつ（xとy、xとz、yとz）を順に比較していき、その結果の多数決をとって選択肢を選ぶという方法をとるとします。

まず、xとyに関して投票を行うと、ＡさんとＣさんの２人がxをyより好んでいるので、多数決でyよりもxのほうを選ぶべきだと結論されます。

次に、yとzに関して投票を行うと、ＡさんとＢさんの２人がyをzより好んでいるので、多数決でzよりもyのほうを選ぶべきだと結論されます。

最後に、zとxに関して投票を行うと、ＢさんとＣさんの２人がzをxより好んでいるので、多数決でxよりもzのほうを選ぶべきだと結論されます。

これらの結果、xのほうがyよりもよく、yのほうがzよりもよく、zのほうがxよりもよいということになり、どれを選ぶべきか決定不能になってしまいます。

この現象は、18世紀のフランスの哲学者・数学者・政治家であるマルキ・ド・コンドルセが発見したことから「コンドルセ・パラドックス」と呼ばれています。

読者のなかには、表6－6の例はこうしたパラドックスが生じるように仕組まれたものだから、現実的ではないのではないかと思われる方もいるかもしれません。しかし、そうではないのです。

アローの不可能性定理

実は、コンドルセ・パラドックスを契機として発展した投票制度に関する理論に従えば、こうしたパラドックスを避けることができる投票方式は存在しえないのです。そのことを示したのが、のちにノーベル経済学賞を受賞することになるケネス・アローです。

アローはコンドルセ・パラドックスのような問題を考えるにあたって、投票制度が最小限、満足すべき性質とは何かを調べました。それらをいくつかの仮定としてまとめ、そのすべてを満たすような投票制度こそ、コンドルセ・パラドックスを回避するものだと考えました。

ところが、その結果から明らかになったのは、とんでもない結論でした。そのような投票制度は、必ず独裁制になるというものだったのです！

民主的な政治を築くうえで最低限度の要請を満たす投票制度を探し求めたところ、得られた結果が独裁制であるとは、何たる皮肉な結論でしょうか。これを「アローの不可能性定理」といいます。

アローの不可能性定理については、これまでにたくさんの証明が知られていますが、ここではそのなかで最も単純なものを紹介します。ただし、これは本来のアローの不可能性定理とは少し違う問題設定がなされています。本来の問題設定のもとでの証明については、参考文献をご覧ください。これまで知られているなかではかなり単純な証明になっていると思います。

投票制度に求められる5つの仮定

まず、投票制度が最小限、満たすべき性質としてアローが挙げた仮定をみていきます。

仮定 1 社会的選好の一貫性

〈投票の結果、得られる社会的選好は、完備かつ推移的である〉

ここで「社会的選好」とは、投票の結果、全員の意見が反映された選択肢の順序のことをいいます。

それが「完備」であるとは、どの２つの選択肢をとっても、必ずどちらがよいかを判定できることをいいます。「推移的」であるとは、たとえばxがyよりもよく、yがzよりよいならば、xはzよりよくなければならないという一貫性を要求することです。コンドルセ・パラドックスでは、この推移性が成り立っていないわけです。

仮定 2 全員一致の原則

〈社会的選好は全員一致の選好を反映していなければならない〉

全員一致は多数決の特殊ケースです。全員一致を否定すれば、それは多数決そのものを否定したことになります。民主的な投票制度であるなら当然、この全員一致の原則を満たしていなければいけないことは明らかでしょう。

具体的には、たとえば選択肢xとyについて、投票者すべてが一致してxのほうをyよりも好んでいるなら、社会的選好においてもxをyよりも好むような結果にならなければならないということです。

仮定❸ 中立性

〈選択肢へのラベル付けが変わっても、それによって社会的選好が変化してはいけない〉

これはやや技術的な条件です。選択肢の名前をどのように呼ぼうとその中身は変わらないのだから、名前の変更が投票の結果に影響を与えてはいけないという意味です。

具体的には、x、y、z、wという４つの選択肢があって、①投票者すべてがxをyよりも好むときはいつでもwのほうがzより好まれ、②逆に投票者すべてがyをxより好むときはいつでもzのほうがwよりも好まれるという関係がある場合、xとw、yとzは同一の選択肢とみなし、社会的選好においては①wのほうがzより好まれるときはxのほうがyよりも好まれ、②逆にzのほうがwより好まれるときはyのほうがxより好まれるという結果でなければならないということです。

仮定❹ 多様な選好

〈投票者の選好には十分な多様性がある〉

これもやや技術的な条件です。みんなが似通った好みをもっているなら、全員一致の原則から、投票の結果が循環するようなコンドルセ・パラドックスは起こらないはずですから、そういう自明な場合をあらかじめ排除しておくということです。

具体的には、すべての投票者がxをyよりも好んでいるときは、別のzという選択肢をとりあげると、xとz間およびyとz間についての人の好みが分かれていなくてはなりません。つまり、ある人はx（y）をzより好み、別の人はzをx（y）より好むようになっていなくてはなりません。そうでなければ、x、y、zについて全員の選好が一致してしまうからです。

仮定 5 非独裁性

〈独裁者が存在してはいけない〉

民主的な投票制度を考えるにあたって、独裁者が存在してはいけないことは自明でしょう。

具体的には、ある特定の個人がいて、どの選択肢x、yについてもその人がxのほうをyよりも好むなら、社会的選好においてもつねにxのほうをyよりも好むという結果になるとき、その人は独裁者になっているわけです。こうした独裁者は存在してはなりません。

少し長くなりましたが、以上がアローの不可能性定理を証明するのに必要な仮定のすべてです。では、これらの仮定を組み合わせるとどうなるでしょうか？

仮定を満たすのは独裁制のみである

くわしい証明は巻末付録を参照していただくとして、以下はその基本となるアイデアを述べます。単純化のために、Ａさん、Ｂさんの２人による投票の場合を考えます。

まず、４つの選択肢x、y、z、wに関して、ＡさんとＢさんの選好は次の通りだとします。

Ａさん：　$x \succ y \succ z \succ w$

Ｂさん：　$w \succ y \succ z \succ x$

$x \succ y$とは「xをyより好む」という意味です。たとえばAさんはxを1番に好んでいて、2位がy、3位がz、wが最下位というわけです。

この選好の組み合わせは仮定4「多様な選好」を満たしています。2人ともyをzより好んでいる（$y \succ z$）のですが、wに関してはAさんは$y \succ w$、$z \succ w$であるのに対し、Bさんは$w \succ y$、$w \succ z$と、異なる選好をもっています。

これら選択肢をペアごとに比較して、社会的選好がどのように決まるかを考えていきます。

ここでは、Aさんが独裁者になることを示そうと思いますので、まず、Aさんの選好で上位にある選択肢xとyからみていきます。

すると、Aさんは$x \succ y$であるのに対し、Bさんは$y \succ x$であるのがわかります。これではxとyのどちらを社会的選好で上位におくべきか決まりませんので、Aさんに有利なように、$x \succ y$と仮定します。

次に、yとzに関しては2人ともyをzより好んでいる（$y \succ z$）ので、仮定2の「全員一致の原則」から社会的選好では$y \succ z$でなければなりません。

zとwに関しては、Aさんは$z \succ w$であるのに対し、Bさんは$w \succ z$です。これではzとwのどちらを社会的選好で上位におくべきか決めがたいように思えます。ところが、2人の選好のあり方は、xとz、yとwがちょうど対応関係にあることがわかります。Aさんは$x \succ y$のとき$z \succ w$で、Bさんは$y \succ x$のとき$w \succ z$となっています。

したがって、さきほどxとyに関してAさんが$x \succ y$でBさんが$y \succ x$のときに社会的選好を$x \succ y$とした以上は、仮定３「中立性」からzとwに関しても社会的選好は$z \succ w$でなければなりません。

最後にyとwに関しては、Ａさんは$y \succ w$であるのに対し、Ｂさんは$w \succ y$となっています。しかし、すでに社会的選好では$y \succ z$、$z \succ w$であることがわかっているので、仮定１「社会的選好の一貫性」で述べた推移性によって、社会的選好は$y \succ w$でなければなりません。

こうして得られた結果を総合すると、$x \succ y \succ z \succ w$という社会的選好となることがわかります。これはとりもなおさずＡさんの選好そのものです。つまり、Ａさんが独裁者になってしまったのです！

もちろんこの結果は、最初にxとyに関して、社会的選好が$x \succ y$になると仮定したことから導かれています。では反対に、社会的選好が$y \succ x$になると仮定したらどうなるでしょうか？　さきほどと同様の議論により、今度はＢさんが独裁者になってしまうのです。

このように、仮定１から仮定４までを満たすように社会的選好を決めていくと、必ずＡさんかＢさんの選好が社会的選好と完全一致して独裁者となり、仮定５と矛盾するこ

アローの不可能性定理

２人以上の投票者がいて、３つ以上の選択肢があるとき、仮定１から仮定４までを満足するような社会的選好を生み出す投票制度は、仮定５とは矛盾する。言い換えれば、仮定１から仮定４までを満たす投票制度は、独裁制のみである。

とになります。これがアローの不可能性定理の内容です。

特定の個人や特定の選択肢を特別視せず、民主的にみんなの意見を集約することを目標として設計される投票制度の最低条件を満たしていくと、独裁制になってしまうというのは、なんとも皮肉な結果です。

点数投票制度と戦略的操作

こうしてアローの不可能性定理によって、コンドルセ・パラドックスを回避するような投票制度は設計できない（設計できるとしたら独裁制になる）ことが明らかになりました。しかし、コンドルセが考えた選択肢と選択肢の間の優劣を比較する方式ではなく、別の方式ならば、こうした矛盾は生じないのではないかと考えた人もいます。

ここでは「点数投票制度」というものを考えてみます。コンドルセと同じく18世紀の数学者・政治家であったジャン＝シャルル・ド・ボルダが発案したとされることから「ボルダ・ルール」とも呼ばれています（しかし、この方式を最初に発見したのは13世紀のラモン・リュイという人です）。

この方式では、各投票者は全部でN個のそれぞれの選択肢に順位をつけたうえで、1位にN点、2位に$N-1$点……と、1点きざみに点数を与えます。たとえば全部で3つの選択肢がある場合、1位のものに3点、2位のものに2点、3位のものに1点を与えます。全員が点数を決めたら、選択肢ごとに得点を合計し、最も高い得点を得た選択肢を社会的選好として選択するという方式です。

表6－7は、AさんからEさんまでの5人が、選択肢x、y、zに点数投票制度で投票した結果の一例です。こ

	1位	2位	3位
Aさん	x	y	z
Bさん	x	y	z
Cさん	x	y	z
Dさん	y	z	x
Eさん	y	z	x

表6－7　ボルダ・ルール

の場合はxに11点、yに12点、zに７点が入り、yが選ばれることになります。好みの順に点数を割り当て、単純に獲得点数が多い選択肢を選ぶボルダ・ルールは、簡単でわかりやすい方式といえるでしょう。

ところが、この方式には次のような問題があります。

表６－７では５人とも、自分の好み通り「正直に」点数を入れました。しかしこの方式では、彼らが自分にとってより好ましい選択肢を選んでもらうために、点数の入れ方をあえて偽って、結果を操作する戦略的操作を可能にする余地があるのです。

たとえばＡさん、Ｂさん、Ｃさんが、正直に投票すればＤさんとＥさんが１位にしているyが選ばれてしまうのを嫌って、自分たちが１位にしているxが選ばれるように好みを偽って点数を入れる可能性があります。

具体的には、Ａさん、Ｂさん、Ｃさんが表６－７に示された本来の好みに反して、１位がx、２位がz、３位がyであるかのように偽り、xに３点、yに１点、zに２点を入れたとしたらどうでしょう。トータルではxに11点、yに９点、zに10点となってxが選ばれることになり、Ａさん、Ｂさん、Ｃさんの戦略が成功してしまうのです。

このように点数投票制度には、投票者が好みを偽って戦略的に点数の配分を変えることで、投票結果を操作できるという問題点があるのです。

言い換えれば、点数投票制度という「ゲーム」においては、ほかのみんなが正直に好み通りに投票すると予想したとき（みんなの好みは知っているとします）、自分は正直に投票せずに好みを偽ると得をするので、好みの通り正直に投票するという選択はナッシュ均衡にならないのです。

ルイス・キャロルの投票制度

『不思議の国のアリス』『鏡の国のアリス』を著したルイス・キャロルこと数学者のチャールズ・ドジソンは、選挙の問題に集中的に取り組んだ時期がありました。ドジソンはいくつかの投票制度を検討した結果、投票者にあらかじめ持ち点を与えておいて、それを自由に選択肢に配分する方式がベストだという結論を下しています。

ドジソンが考案したこの方式は、点数投票方式とよく似ていますが、1点きざみではなく、持ち点の範囲で配点を自由に決められる点が違います。

Aさん、Bさん、Cさんの3人が、選択肢x、y、zに投票する場合を考えてみます。3人の好みは表6－8に示したとおりです。各人には10点の持ち点が与えられ、これを3つの選択肢それぞれに自分の好みで配分するものとします（点数は整数）。

たとえば3人とも、1位に5点、2位に3点、3位に2

	1位	2位	3位
Aさん	x	y	z
Bさん	z	y	x
Cさん	y	z	x

表6－8　ドジソンの点数配分方式

点という配分で投票すれば、xに９点、yに11点、zに10点が入って、yが選ばれることになります。

この方式では、順位だけでなく投票者の好みの度合いも点数に反映されるので、より投票者の好みに近い投票結果が得られるというメリットがあります。つまり、好みの選択肢にたくさんの点数を割りふることができるわけです。

では、この方式ならば、点数投票制度でみたような、結果が戦略的に操作されるという問題は起こらないのでしょうか？　残念ながら、やはりこの方式も同様の問題が起きてしまうのです。

たとえばＢさんがzをどうしても当選させたいからと、zに10点、xとyには０点を配分したとします。ほかの２人はさきほどと同じ点数配分とします。するとxは７点、yは８点、zは15点となり、zが選ばれることになります。Ｂさんによる戦略的な点数配分の結果、投票結果が左右されてしまうのです。

ドジソンはこうした戦略的操作の可能性には気づいていなかったようです。

ギバード＝サタースウェイトの不可能性定理

では投票において、こうした戦略的操作を防ぐ方法はまったくないのでしょうか。結論をいえば、ないのです。

２人以上の人がいて、３つ以上の選択肢の中から１つを選び出すような投票方式について、戦略的操作を避けることのできるものが存在するとしたら、それは独裁制しかないという定理が証明されています。これは発見者の２人の名をとって「ギバード＝サタースウェイトの不可能性定理」と呼ばれています。

この定理の正しさは、仮に誰かが独裁者になっていれば、ほかの誰もが選好を偽っても投票結果を左右できないことを考えてみればわかります。いま、投票の結果が誰か１人の人物（Aさんとします）の選好で決まっているとします。このとき、その人とは違う選好をもっているあなたならどうするでしょうか？　結局、あなたがどのように選好を偽ろうとも、投票の結果はAさんの選好で決まってしまうのです。下手に努力をしても無駄だとわかるでしょう。

戦略的操作ができない理想的な投票制度を追い求めたら独裁制になってしまうという意味でこの定理は、アローの不可能性定理と非常によく似ていることに気づくと思います。実際、これら２つの定理は、設定されている問題は違うものの、ほぼ同一の証明方法で証明できることがわかっています。さらにいえば、一方の定理から他方の定理を導くこともできます。そういう意味でもこれらは非常に関連の深い定理なのです。

ギバード＝サタースウェイトの不可能性定理の発見以来、ゲーム理論の世界では、投票の問題だけではなく、市場取引などの別の領域においても類似の不可能性定理が数多く発見されてきています。

このことは、人々の思惑にもとづく戦略的操作とは無縁の理想的な社会制度をわたしたちは設計することができないことを意味します。このことに悲観してしまう人もいるかもしれません。しかし、戦略的な操作を避けられないからこそ、むしろわたしたちは、この世の中を戦略的にしたたかに生き延びていくうえで、ゲーム理論を必要としているのだといえるのではないでしょうか。みなさんにとって本書が戦略的思考能力を身につける助けになれば、これにまさる喜びはありません。

補論　単峰的な選好と不可能性定理

もちろん、わたしたちは、アローやギバード＝サタースウェイトの不可能性定理そのものから逃れることはできないのですが、まったく希望がないわけでもありません。

もし、わたしたちが選択肢に対して持つ好みに、ある程度の傾向性があるなら、これらの不可能性定理を逃れることができます。たとえば、それはどのような傾向性かというと、「単峰性」というものです。

いまAさん、Bさん、Cさんの３人が、選択肢x、y、zに投票する場合を考えてみます。どのような順序でもよいので、選択肢をある順番で並べます。たとえばx、y、zの順とします。それから各選択肢について、１位に３

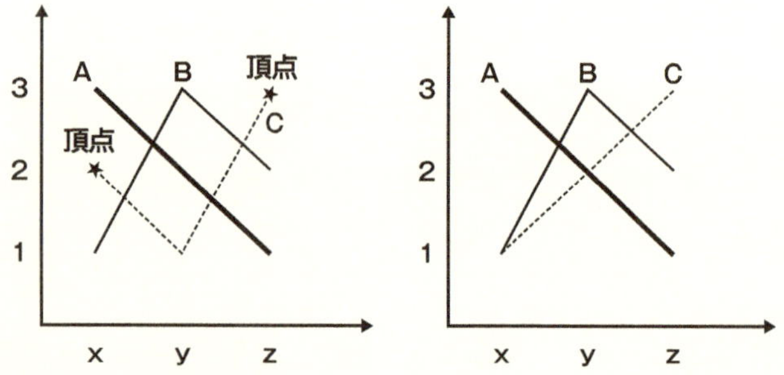

図6－1　単峰的な選好

	1位	2位	3位
Aさん	x	y	z
Bさん	y	z	x
Cさん	z	y	x

表6－9　単峰的な選好

点、2位に2点、3位に1点を与えて、この関係をグラフにしてみます（図6－1）。このとき、どの3人についてもグラフに頂点が2つ以上ないなら、このような選好は「単峰的」であるといいます。

たとえば図6－1の左側は、表6－6で示したコンドルセ・パラドックスが生じる例をグラフにしたものですが、ここではCさんの選好がxとzで2つの頂点を持つV字形になっているので、単峰性を満たしていません。

図6－1の右側は、表6－9に示した選好をグラフ化したものです。これは単峰性を満たしていることがわかると思います。

この場合、まずxとyに関して投票を行うと、BさんとCさんの2人がyをxより好んでいるので、多数決でxよりもyを選ぶべきだと結論されます。

次に、yとzに関して投票を行うと、AさんとBさんの2人がyをzより好んでいるので、多数決でzよりもyを選ぶべきだと結論されます。

最後に、zとxに関して投票を行うと、BさんとCさんの２人がzをxより好んでいるので、多数決でxよりもzを選ぶべきだと結論されます。

これらの結果を総合すると、多数決の結果、yがzよりもよく、zがxよりもよく、そしてyはxよりもよいことになるので、何の矛盾もなくyがいちばんよいという結論になります。単峰性を満たした選好のもとでは、コンドルセ・パラドックスは生じないのです。

コラム⑥

ほかにもある不可能性定理

D.H.ローレンスの『チャタレイ夫人の恋人』といえば、わが国でも表現の自由を巡って訴訟が行われたほど、当時はそのわいせつ性が問題になりました。

いま旅の宿で、ＡとＢが宿泊した部屋にその本があり、２人には、その本をＡだけが読む（x）、Ｂだけが読む（y）、ともに読まない（z）という３つの選択肢があるとします。

それぞれの選好は、真面目なＡが$z \succ x \succ y$、好色なＢが$x \succ y \succ z$とします。つまり、Ａは２人ともその本に触れないほうがいいと思っていますが、好色なＢがそれを読んでさらに堕落するよりは自分が読んだほうがましだと考えています。Ｂは真面目なＡがそれを読んでどんな顔をするか見たいと思っていますが、もちろん、２人とも読まないくらいなら自分だけで楽しんだほうがましだと考えています。

ここで、ＡもＢも自分の判断だけで決められる事柄については、自由に決めてよいというのが当然です（個人の自由の尊重）。したがってＡはx、zについては$z \succ x$と決めてよいはずです。誰も読まないか自分だけ読むかは、Ａの判断だけで決められる事柄だからです。同じようにＢはy、zについては自由に決めることができ、$y \succ z$となるはずです。最後に、x、yについては２人の意見が一致しているので、全員一致で$x \succ y$となります。これらの結果を合わせると、$x \succ y \succ z \succ x$となって、どの選択がよいのか決められなくなるのです。この例に限らず「個人の自由の尊重」と「全員一致の原則」を同時に満たすルールは存在しないという不可能性定理が知られています。これをアマルティア・センのリベラル・パラドックスといいます。

第7章

量子ゲーム

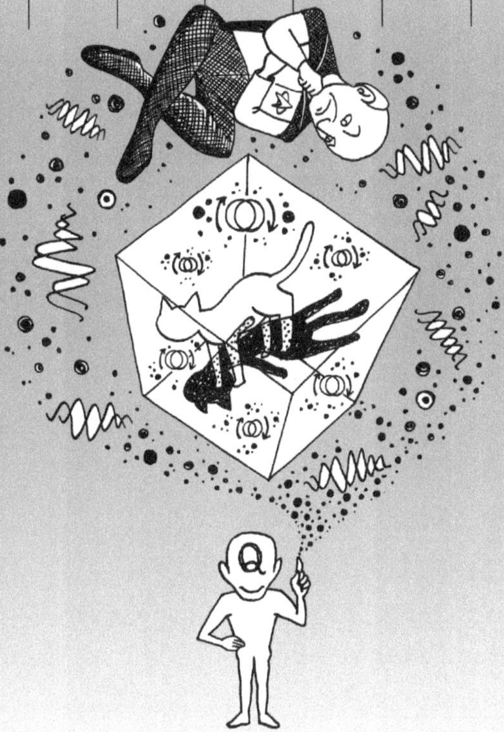

ここまで伝統的なゲーム理論について一緒に学んできました。この章では少し趣向を変えて、物理学者の間で最近さかんに研究されている「量子ゲーム」を紹介します。

量子ゲームとは、量子力学の原理によってはじめて利用可能になる量子力学的戦略を従来のゲーム理論につけ加えたものです。そうすることにより、従来のゲーム理論ではできなかったことが可能になることが示されています。

たとえば、賭け事に必勝法はあるでしょうか？　これは古来、多くのギャンブラーたちが追い求めてきた夢でした。しかしいま、その夢が夢ではなくなる可能性が見つかりました。フォン・ノイマンによるポーカー研究からはじまったゲーム理論の研究は、量子ゲームの力を借りて、その夢に現実性を与えようとしているのです。

また、囚人のジレンマの解消法にも量子ゲームが有用であることが示されています。

実験室の中ではすでに実現されているものの、まだ実践的に利用する段階には至っていない量子ゲームですが、ゲーム理論の未来の姿を垣間見る機会だと思って、その不思議な世界を楽しんでみてください。

ギャンブラーの錯誤とホットハンド

「ルーレットで黒ばかり出ることがある。しかしいつかは必ず赤が出る。つまり、数学でいう確率の法則です」

「運が移るというんですか？」

「そのとおり、ヘイスティングス。ばくち打ちが（人殺しというのは、結局、金の代わりに、自分の生命をかける最高のばくち打ちなのですよ）往々にして先見の明を欠くのはそこなんですよ。いままで勝ちっぱなしだったから、これからも勝ち続けると信じている！　ちょうどいい潮時に、ルーレットから離れて、ポケットを札束でふくらませて帰ろうとは思わないんですね。それと同じで、犯罪の時でも成功した殺人犯人は、成功しない場合もあるということを、どうしても認められない！　成功したのは自分の実力だと思い込んでいる。ところがみなさん、どんなに注意深く計画されたものであっても、よほどの幸運に恵まれていないかぎり、いかなる犯罪も成功するわけがないんです！

……人殺しというのはいつでも、ばくち打ちと同じです。多くのばくち打ちと同じように、人殺しも手を引く潮時を知りません。罪を重ねるたびに、自分の能力に対する自信が強くなってきます。平衡の観念が崩れだすのです。そして、『おれは賢くて運が良かった』などとは言いません。ただ『おれは賢かった！』というだけです。そして彼の賢さに対する評価がだんだんと高くなって……それから、みなさん、球はまわり、盤の回転がとまり、球は新しい数字の上に落ちて、胴元は「赤」と叫ぶのです」

（アガサ・クリスティ『ABC殺人事件』第23章、ハヤカワミステリ文庫、pp.226-228）

上の引用は、連続殺人を企てる謎の犯人に翻弄され続けた名探偵エルキュール・ポアロが、ついに犯人の手がかりを得て、追いつめようとする瞬間に発せられたセリフです。しかし、ここに述べられていることは、はたして正しいのでしょうか？　ルーレットで黒が続けて出たら、次は必ず赤が出るのでしょうか？

実は、これは「ギャンブラーの錯誤」として古くから知られている確率判断の誤りなのです。「ギャンブラーの錯誤」とは、次のようなものです。

いま、あなたがコインを投げて、３回続けて表が出たとします。次にコインを投げるとき、もしあなたが「今度は裏が出る可能性が高いな」と思ったら、あなたは「ギャンブラーの錯誤」を犯しています。４回目に表が出る可能性は、それまでの３回と同様に確率２分の１なのであって、いくら表が続いて出ようとも、そのために次に裏が出る可能性が高まることはないのです。

しかし、不確実な状況で意思決定している人の中には、「ギャンブラーの錯誤」を犯している人は決して少なくありません。たとえばデイ・トレーダーは、投資している株の株価が３日連続して上昇したあと、明日はきっと下がるだろうと考えるかもしれません。専門的にいえば「ギャンブラーの錯誤」とは、自己相関のない乱数列に、負の自己相関があると思い込む信念のことなのです。

これと対をなすものに「ホットハンド」があります。「ホットハンド」とは専門的にいえば、自己相関のない乱数列に正の自己相関があると思い込む信念のことです。

有名な例としては、バスケットボールの試合でシュートを続けて決めている選手がいたら、その選手は「波に乗っている」からもっとパスを回せば、もっと得点できると考える傾向性のことです。しかし心理学者による古典的な研究によれば、「波に乗っている」選手のシュート成功率は、実際にはランダムなコイン投げと大差ないそうです。

「ギャンブラーの錯誤」にしても「ホットハンド」にしても、それを裏づける事実はないにもかかわらず信じてしまうのは、ランダムで不確実な状況において少しでも法則性を見いだし、勝つ確率を上げたいという人間の切実な欲求の表れなのです。

このように、昔から人間は、なんとかして賭けに勝ち続けようと、さまざまなモノや考え方に頼ってきました。

ブラックジャックとカウンティング

映画『レインマン』では、ダスティン・ホフマン演じるサヴァン症候群の兄の驚異的な記憶力を悪用して、トム・クルーズ演じる弟がカジノで大儲けを企みます。彼らがプレーしたのはブラックジャック（または21）と呼ばれるゲームです。

ブラックジャックでは、はじめにプレーヤーにカードが２枚、表にして配られ、最後にディーラーが１枚は伏せて、１枚は開いて自分の手元にカードを置きます。プレーヤーは好きなだけカードを追加することができます。プレーヤーのカードの数字の合計が21を超えない範囲でディーラーのカードよりも大きければ、プレーヤーの勝ちとなります。カードの10からKまではすべて10と勘定し、Aは1か10か、好きなほうの値で勘定できます。プレーヤーがカードを引いたあと、ディーラーは伏せていたカードを開き、（ルールによりますが基本的に）合計が17以上になるまでカードを引かなければなりません。プレーヤーもディーラーも、カードの数字の合計が21を超えるとバストといって負けになります。プレーヤーとディーラーがともにバストした場合は引き分けです。
このゲームでは、デックに10からＫのカードが多く残っているほど、ディーラーがそれらのカードを引いてバストする可能性が高くなり、プレーヤーにとって有利であることがわかります。逆に、２や３などの小さな数字のカードが多く残っているほど、ディーラーがバストする可能性は低いので、プレーヤーにとって不利です。
そこで、過去のプレーの間に配られたカードを記憶しておくことで、プレーヤーは状況が自分に有利なのか不利なのかを判断できることになります。こうした戦略をカウンティングといいます。ただし、カジノでは通常、６組のデックを使いますので、使用されたカードをすべて記憶することは容易ではありません。
このカウンティングが有効であることは、数学者エドワード・ソープがブラックジャックを研究して『ディーラーをやっつけろ！』という本ではじめて明らかにしました。以来、カジノ側は、カウンティングを用いるプレーヤーを警戒して、監視の目を強めています。映画『レインマン』でも、カウンティングをしていることがばれて２人はカジノを追い出されてしまいました。
ただ、カウンティングを用いたからといって、賭けが必勝になるわけでは決してありません。有利・不利な状況を見極め、有利なときには大きく賭け、不利なときには小さく賭けることでリスクを小さくしているだけなのです。
では、もっと賭けを有利にする方法はないものでしょうか？

「地獄チンチロ」

人気漫画『賭博破戒録カイジ』に、「地獄チンチロ」というエピソードがあります。

借金まみれになって返済のめどがつかなくなった者たちが、地下世界で奴隷のように重労働につかされているのですが、いつも週末にはわずかな給金を賭けあう賭博場が開催されます。種目は3個のサイコロを使って、その出目で勝負を争うチンチロリンです。

主人公のカイジたちはこの賭けに勝利して、借金を返せるほどの大金を手にするのですが、その後、作業班の班長一派の逆襲にあい、連戦連敗して持ち金を根こそぎ奪われてしまいます。班長たちは、ここぞというときに必ず4・5・6という強力な目を出して、勝ちまくったのです。なぜこんなに負けが続いたのか？　疑問に思ったカイジは、ついに班長たちの常勝の理由をつきとめます。その秘密は「456サイ」にありました。班長たちはカイジらの目を盗んで、4・5・6の目しか書かれていないイカサマのサイコロにすり替えて振っていたのです。

カイジは班長たちをうまく罠《わな》にはめて、自分たちも自前のサイコロで勝負することを認めさせます。そこでカイジはすべての目が1になっているサイコロを使い、1のゾロ目ばかりを出して班長たちから金を取り返すことに成功したのでした。

賭け事の必勝法を期待してこのエピソードを読んだみなさんは、ちょっと拍子抜けしたかもしれません。結局、このエピソードで用いられている方法は、いずれも単なるイカサマです。人間は古来、ギャンブルに勝ち続けるために知恵をしぼってきましたが、いまのところイカサマに頼るほかに常勝の戦略は見つかっていないのです。

しかし、実はイカサマをしなくても必ず勝つ戦略があるといわれたら、みなさんは信じられるでしょうか？　なんと、そんな戦略があるのです。量子力学を用いれば、ギャンブルに勝ち続けることが理論的には実現可能なのです。

電子スピン合わせゲーム

アメリカのSFテレビドラマシリーズ『新スタートレック』には、「Q連続体」と呼ばれる高次元生命体集団の一員である、Qという「人物」がときおりふいに登場します。「彼」は、惑星連邦宇宙艦U.S.S. エンタープライズ号の艦長ジャン＝リュック・ピカードら乗組員の活動に干渉し、混乱に陥れるトラブル・メーカーです。

いま、エンタープライズ号がある危機的な状況に陥り、ピカードの前に突如現れたQが、これからあるゲームをしてピカードが勝てば、エンタープライズ号を救ってやると提案してきたとしましょう。

Qが提案したゲームは「電子スピン合わせゲーム」というものです。それは以下の手順で進められます。

（1）ゲームに用いるのは、電子です。電子はスピン（回転）していて、上向き、下向きのどちらかの状態をとるものとします。Qは最初に電子を上向きにセットして、ある装置に入れます。装置の中は2人には見えません。

（2）2人は、Q→ピカード→Qの順で、相手には見えないように、装置の中にある電子を操作することができま

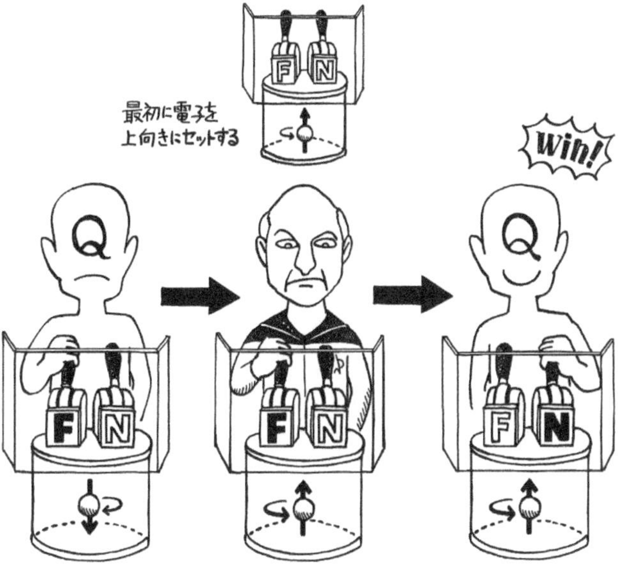

す。スピンの向きを変える（F）か、あるいは変えない（N）か、どちらかを選べます。

（3）最後に、装置の中にある電子の状態を観測します。このとき、電子の向きが上向きであればQの勝ちで、下向きであればピカードの勝ちとします。

さて、この電子スピン合わせゲームを、これまで述べてきたゲーム理論を使って分析してみることにします。

このゲームでは、ピカードは１回しか意思決定をする機会がないので、彼の選べる純戦略はＦかＮかです。一方、Ｑは意思決定をする機会が２回あり、それぞれの手番でＦかＮかを選べるので、可能な純戦略の組み合わせはFF、FN、NF、NNの４通りになります。最初の文字が１回目

P＼Q	FF	FN	NF	NN
F	1，−1	−1，1	−1，1	1，−1
N	−1，1	1，−1	1，−1	−1，1

表7－1　PとQによる電子スピン合わせゲームの利得表

に選ぶ戦略、後ろの文字が2回目に選ぶ戦略を表します。たとえばFNは、1回目でFを選び、2回目でNを選ぶという戦略です。

このゲームの利得表は表7－1のようになります（ピカードをPと表しています）。

各セルの数字は、左側がPの利得で、右側がQの利得です。たとえばPがFを選び、QがFNを選んだとすると、はじめ上向きだった電子は、Qの1回目の選択Fによって下向きになり、ピカードの選択Fで再び上向きになり、Qの2回目の選択Nでは上向きのままなので、最終的な電子の状態は上向きになります。つまりQの勝ちとなり、利得はQが1、Pは−1です。

ゲーム理論で分析するなら、このゲームではPもQもそれぞれの戦略を等確率で選択する混合戦略が、ナッシュ均衡になります。この場合、両方のプレーヤーに等しく勝つチャンスがあることになります。つまり、両プレーヤーのゲームの期待利得はともに0となります。実際、PがFとNをそれぞれ$\frac{1}{2}$の確率で、QがFF、FN、NF、NNをそれぞれ$\frac{1}{4}$の確率で用いる混合戦略を使うとするとき、それぞれの期待利得は次のようになります。

Pの期待利得

$$= \left(\frac{1}{2}\right) \times \left[\left(\frac{1}{4}\right) \times 1 + \left(\frac{1}{4}\right) \times (-1) + \left(\frac{1}{4}\right) \times (-1) + \left(\frac{1}{4}\right) \times 1\right] + \left(\frac{1}{2}\right) \times \left[\left(\frac{1}{4}\right) \times (-1) + \left(\frac{1}{4}\right) \times 1 + \left(\frac{1}{4}\right) \times 1 + \left(\frac{1}{4}\right) \times (-1)\right]$$

$$= 0$$

Qの期待利得

$$= \left(\frac{1}{4}\right) \times \left[\left(\frac{1}{2}\right) \times (-1) + \left(\frac{1}{2}\right) \times 1\right] + \left(\frac{1}{4}\right) \times \left[\left(\frac{1}{2}\right) \times 1 + \left(\frac{1}{2}\right) \times (-1)\right] + \left(\frac{1}{4}\right) \times \left[\left(\frac{1}{2}\right) \times 1 + \left(\frac{1}{2}\right) \times (-1)\right] + \left(\frac{1}{4}\right) \times \left[\left(\frac{1}{2}\right) \times (-1) + \left(\frac{1}{2}\right) \times 1\right]$$

$$= 0$$

したがって、このゲームの唯一のナッシュ均衡である混合戦略に従ってプレーすると、期待利得はお互いに０点ですので、とくにどちらが有利であるとはいえません。

2つの状態の「重ね合わせ」

ところが、もし、ここでQが量子力学を応用した戦略を用いることができるなら、Pがどのような混合戦略を選択しようとも、必ず勝つことができるのです。

量子力学については、多くの入門書や教科書が書かれていますので、くわしいことはそれらの本に譲り、ここでの議論を理解するために最小限のことを述べます。

量子力学は20世紀初頭に、原子や電子といった極小の粒子のふるまいを物理学者たちが研究していくなかで生み出されました。こうしたミクロの世界では、原子や電子の位置と運動量の両方を同時に測定することはできないという不確定性原理や、原子や電子は粒子としての性質と波としての性質の両方を持っているといった、従来の物理学（古典物理学、ニュートン力学）ではうまく説明できない現象が実験的に示されました。こうした現象を統一的に説明するために編み出されたのが量子力学です。

量子力学のとくに不思議な点は、原子や電子といった粒子は、さまざまな状態が「重ね合わさった」状態にあり、実際に観測するまではどのような状態なのかが確定しないというところです。

たとえば、電子には上向きのスピンと下向きのスピンという２通りの状態があるのですが、観測するまではその両方が重ね合わさった状態にあり、観測したときにはじめてどちらかの状態に「収束」することが知られています。

言い換えると、電子は観測するまでは上向きのスピンと下向きのスピンの両方の状態にあるということです。

１つの電子が２つの状態を同時にとれるなら、それぞれの状態に別々の情報を担わせれば、電子１つで２つ分の仕事ができそうです。この原理を生かしたのが、量子コンピューティングという超高速並列計算です。

量子力学的戦略とは

この量子力学の原理を応用してはじめて可能になるゲームの戦略を「量子力学的戦略」といいます。そしてプレーヤーの一部または全部に量子力学的戦略の使用を認めるゲームを「量子ゲーム」と呼びます。量子力学に従う電子の状態の操作と、ゲームのプレーヤーが選ぶ戦略を対応させてみようというのが、量子ゲームの基本的な考え方です。

簡単には、上向き、下向きの電子の向きそれぞれがゲームの状態を表すものと考え、それをどう変えるかがプレーヤーの戦略になるわけです。こうすることで、従来のゲーム理論ではできなかったことができるようになります。

従来のゲーム理論では、プレーヤーができることは純戦略を選ぶか、混合戦略を選ぶかのどちらかでした。純戦略はどれか1つの戦略を選ぶことでしたから、これは電子スピン合わせゲームでは電子の向きをどちらかに決めることに対応します。混合戦略は、いくつかの純戦略からランダムにどれかを選ぶことでしたから、電子の向きをランダムにどれか1つに決めることに対応します。

ところが量子力学的戦略では、さらに別のことが可能になります。それは、電子の向きを上向き、下向きのどちらにも決めないで、両方の状態が重ね合わさった状態にするという戦略です。つまり、上向きと下向きを同時に選ぶことが可能になるのです。

電子スピン合わせゲームにおける量子力学的戦略

量子力学的戦略が使えるようになると、電子スピン合わせゲームではどのような点で有利になるのでしょうか？そのことを次に示します（以下の計算の詳細は、巻末付録を参照してください）。

電子の状態を、上向きをU、下向きをDと表現することにします。電子がU（上向き）の状態、およびD（下向き）の状態のときそれぞれに、Fという戦略（スピンの向きを変える）を適用すると、Fはスピンの向きがUのときはDに、DのときはUに変える操作になります。それは次の式で表されます。

$$FU=D$$

$$FD=U$$

また、電子がU（上向き）の状態、およびD（下向き）の状態のときそれぞれにNという戦略（スピンの向きを変えない）を適用すると、Nはスピンの状態をまったく変えない操作になります。それは次の式で表されます。

$$NU=U$$

$$ND=D$$

さて、このゲームでピカードは、Fを確率pで、Nを確率$1-p$で選ぶ混合戦略Mを用いるものとします。たとえば最初の電子のスピンがU（上向き）であるときにMを適用すると、電子は確率$1-p$でU（上向き）に、確率pでD（下向き）になります。このときの電子の状態は次の式で表されます。

$$MU=(1-p)U+pD$$

これに対してQは、量子力学的戦略を用います。ここではHという戦略を用いることにします。

電子のスピンがU（上向き）であるときに、QがHを用いると、電子は上向きと下向きが均等に重ね合わさった状態になります。なお、この量子力学的戦略を表す操作Hをアダマール行列と呼びます。

では、ゲームを始めます。

最初のQによる選択によって、電子がHUの状態になったとします。これに対して、次にピカードが混合戦略Mを用いると、どうなるでしょう。

なんとその結果は、このように表されます。

MHU＝HU

HUの状態にある電子に対して混合戦略Mを適用しても、HUの状態は変わることがないのです。これは確率pをどんな値にしようとも、同様です。電子の状態が、上向きと下向きが重ね合わさっていわば半々の状態のため、スピンの向きをどのように変えても重ね合わせの状態のままであるためです。これが、量子力学的戦略Hを用いたQの狙いだったのです。

最後に、Qが再びHを用いると、HとHが互いにキャンセルされ、

HMHU＝HHU＝U

となり、電子の状態は上向き（U）になります。つまり、Qの勝ちです。

このように、Qは量子力学的戦略Hを用いることで、ピカードが混合戦略としてpをどのように選んでも、100％の確率でこのゲームに勝つことができるのです。

実現可能な必勝法

混合戦略Mが、電子の状態をUかDか、確率的にどちらか一方にするものであるのに対して量子力学的戦略Hは、UとDの両方の状態が、重ね合わさった状態を生み出すものです。ちょうど、量子力学に関する思考実験で有名な「シュレーディンガーの猫」において、観測するまで猫が

生きている状態と死んでいる状態の重ね合わせになっているのと同じ状態が生み出されているといえます。しかし、これは決してイカサマなどではありません。量子力学によって完全に実現可能な状態なのです。

フォン・ノイマンのポーカー研究からはじまったゼロ和ゲームの研究は、ポーカーには混合戦略（ブラフ）が不可欠であるという結果を生み出しました。ところがいま、量子力学的戦略は、混合戦略の強みをあっさりと乗り越えてしまったのです。

こういうと、キツネにつままれたように感じる読者も多いのではないかと思います。「重ね合わせの状態」をつくるといっても、この例のように電子を使うゲームなら可能でも、カードやサイコロを使う一般的なゲームでは不可能ではないか？　と。たしかに、量子力学的戦略は従来のゲームにそのままの形で適用できるわけではありません。実際には、いまこの戦略を使うには、右ページのイラストのような装置が必要になるでしょう。しかし、現在、欧米ではインターネットを通じてオンラインでカジノに参加することができるようになっています。いくつかのネットゲームの対戦サイトでは、プログラムされた戦略を用いて自動的にプレーするコンピューター・プレイヤー（ボット）が、プレーヤーと勝負するような場合もあります。

こうしたオンライン・カジノなどでは、量子コンピューティングの普及にともない、量子力学的戦略を実装したプレーヤーが登場する可能性は大いに考えられます。カジノ側としても、警戒が必要になってくるでしょう。量子ゲームの知識が欠かせないものとなる時代は、すぐそこまで来

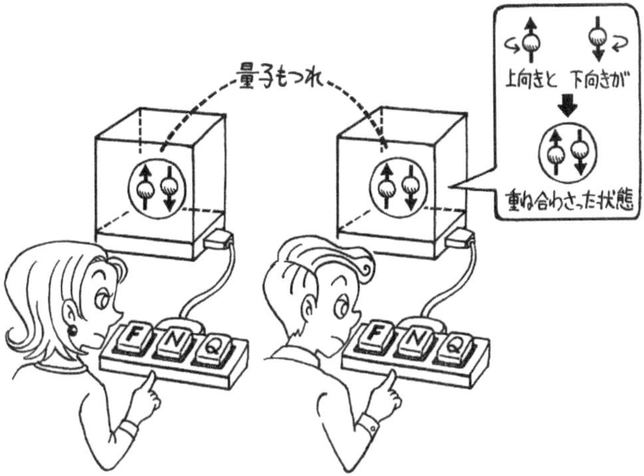

ているのです。

量子囚人のジレンマ・ゲーム

量子力学的戦略には、まだまだ面白いことができます。なんと、これまで述べたゲーム理論では解決できなかった囚人のジレンマ・ゲームの問題点が、量子力学的戦略を使えば解決可能になるのです。

では、その量子囚人のジレンマ・ゲームとはどのようなものかを見ていきましょう。さきほどの電子スピン合わせゲームでは、一方のプレーヤーのみが量子力学的戦略を用いる場合を検討しましたが、量子囚人のジレンマ・ゲームでは、両方のプレーヤーが量子力学的戦略を用いる場合を考えます。

電子スピン合わせゲームとは違い、各プレーヤーはそれぞれ1つずつ電子を与えられ、それぞれがそのスピンの向きを変える操作を行うものとします。そして、本来の囚人のジレンマ・ゲームでの戦略C（黙秘）をスピンの向きを変えない操作（電子スピン合わせゲームでのN）、戦略D（自白）をスピンの向きを変える操作（電子スピン合わせゲームでのF）に対応づけることにします。つまり、

C（黙秘）＝N（スピンの向きを変えない）

D（自白）＝F（スピンの向きを変える）

となります。

さて、このように量子力学に従う電子が各プレーヤーに１つずつ、あわせて２つになると、それらの電子の状態の間に「量子もつれ」と呼ばれる特殊な相関関係を生みだすことができます。

ここに、２つの電子があるとします。さきほど少し触れたように、量子力学には不確定性原理というものがあり、個々の電子の位置と運動量は同時には測定できません。しかし、２つの電子の位置の差（つまり距離）や運動量の合計といった値は決めることができる場合があります。２つの電子の位置ＡとＢはわからなくても、位置の差Ａ－Ｂだけはわかる場合があるのです。

ここで不思議なことが起こります。もし、この２つの電子が量子もつれの状態にあると、一方の電子の状態（位置）が観測によって確定した瞬間に、もう一方の電子も、どんなに遠くに（たとえ100億光年）離れていようとも、その状態（位置）が同時に確定してしまうというのです！

注意していただきたいのは「電子の状態の重ね合わせ」との違いです。重ね合わせとは「１つの電子」が同時に複数の状態をとることをいいます。それに対して、量子もつ

れとは「2つ以上の電子」の状態の間に、ある密接なつながりが生じていることをいいます。

バラバラな2つの電子をこうして量子もつれ状態にすると、従来のゲーム理論ではできなかったことが可能になります。戦略間に新しい相互作用を生み出すことができるのです。プレーヤーの戦略間の相関といえば、みなさんは第3章でみた相関均衡を思い出すでしょう。相関均衡においては、第三者が設定したルールを介してプレーヤーの戦略間に相関関係が生み出され、それによって混合戦略にはできないことが可能になったのでした。

しかし、みなさんも覚えているように、相関均衡では囚人のジレンマは解消できませんでした。ところが、互いに量子もつれ状態にある電子に量子力学的戦略を適用する量子ゲームでは、相関均衡にはできなかったような新しい戦略の相関を生み出すことで、囚人のジレンマを解決することができるのです。

さきほど述べたように、従来のゲーム理論における純戦略や混合戦略が、結局はどれか1つの戦略を選ぶことになるという意味で「あれか／これか」の選択になっているのに対し、量子力学的戦略は、電子を重ね合わせ状態にするので複数の戦略を同時に選べること、つまり「あれも／これも」選ぶことができる点に特徴があります。

また、従来のゲーム理論では、互いの戦略選択は互いに独立になされていましたが、ここで考えるような電子を複数用いる量子ゲームでは、相手の戦略を体現した電子と、自分の戦略を体現した電子とが量子もつれ状態になっているため、自分の戦略次第では相手の戦略さえも変えてしまえる場合が出てきます。

この量子囚人のジレンマ・ゲームでそれぞれのプレーヤーが選べる量子力学的戦略を、ここではQと呼ぶことにします。これは電子スピン合わせゲームで用いられた量子力学戦略Hとは別の戦略です。

では、量子囚人のジレンマ・ゲームがどのように進められるのかを具体的に示します（くわしい計算過程は巻末付録に記しました）。

〈ステップ１　初期状態の設定〉

ゲームを始める前の電子の初期状態は、両プレーヤーともに戦略Cに設定されます。

〈ステップ２　量子もつれ状態の設定〉

次に、この初期状態は、量子もつれ装置によって量子もつれ状態にされます。

〈ステップ３　戦略の選択〉

このあと、各プレーヤーはそれぞれ自分の操作する電子に対して、同時に任意の戦略を適用します。プレーヤーの選べる戦略は、C、D、Qのいずれか１つです。

〈ステップ４　量子もつれ状態の解消〉

最後に、量子もつれ装置によって量子もつれ状態を解消し、ゲームの結果を観測します。

量子囚人のジレンマ・ゲームにおいては、プレーヤーが古典的戦略である純戦略（CあるいはD）をプレーするかぎり、その結果は古典的なゲーム理論における結果と同じになります。たとえば一方がC、他方がDを選択すれば、やはりゲームの結果は（C, D）になります。

量子力学的戦略Q

興味深いのは、量子力学的戦略Qが選択された場合です。プレーヤーの戦略を表す電子の状態が量子もつれ状態になっていると、Qは自分の電子の状態だけでなく、同時に相手の電子の状態をも変えてしまう場合があるのです。

では、Qとはどのような戦略なのでしょうか？

まず、Qは①相手の戦略がCならばそれをDに変えたうえで自分はDを選び、②相手の戦略がDならばそれをCに変えたうえで自分はDを選ぶという戦略になっています。たとえばQ対Cの場合、ゲームの結果は（D, D）になり、Q対Dの場合、ゲームの結果は（D, C）になります。

また、③Qどうしが対戦する場合は、お互いにCをプレーするようになります。これがQの定義です。

自分だけでなく相手の電子（つまり戦略）までも変えてしまうとは、量子力学的戦略Qとは実に奇妙な戦略です。しかし、2つの電子が量子もつれ状態にあると、量子力学を応用した現代の科学技術によって、これは実際に実現可能なことなのです。そこで、量子囚人のジレンマ・ゲームをプレーするプレーヤーは、相手がC、Dのほかに、このような戦略Qを選ぶ可能性があることも見越して、C、D、Qの中から最善の選択を考えることになります。

このような量子囚人のジレンマ・ゲームで生じる利得の組み合わせを利得表にすると表7－2のようになります。

このゲームのナッシュ均衡を探してみましょう。いかがでしょうか？（Q, Q）が唯一のナッシュ均衡になっていることがわかると思います。そして、これはさきほどのQ

の定義から、お互いにCをプレーする（C, C）と同じ結果をもたらします。本来の囚人のジレンマ・ゲームではナッシュ均衡にはならなかった、互いに黙秘というパレート効率的な結果が実現されたのです。

こうして、両プレーヤーが量子力学的戦略を用いることによって、古典的戦略だけでは実現できなかったパレート効率的な結果が、唯一のナッシュ均衡として実現できることがわかりました。

これはQが量子もつれ状態を通じて生み出す、各プレーヤーの戦略間の特殊な相関関係のおかげと考えられます。

量子ゲームを考えることによって、囚人のジレンマ・ゲームにおける「協力の発生の問題」は解消されました。量子コンピューティングや量子通信など、量子力学の原理を生かした次世代の超高速計算・通信技術の発展は、わたしたちの社会において大きな問題となりうる協調問題にも、このようにうまい解決方法をもたらしてくれるのです。

量子ゲームはまだまだ実現途上の技術です。しかし、そう遠くない将来には、パソコンや携帯電話を用いるようにわたしたち一人一人が量子計算機を手にする日が来るかもしれません。そのときには、量子力学的戦略によって協調問題をさらにうまく解決できるのではないでしょうか。

（注）量子力学の基礎的なことは石川真之介『マンガ量子力学』、都築卓司『不確定性原理』、量子コンピュータについては竹内繁樹『量子コンピュータ』、量子もつれについては古澤明『量子もつれとは何か』（いずれも講談社ブルーバックス）を参照してください。

利得表

X＼Y	C	D	Q
C	3，3	0，4	1，1
D	4，0	1，1	0，4
Q	1，1	4，0	3，3

X＼Y	C	D	Q
C	3，3	0，4	1，1
D	4，0	1，1	0，4
Q	1，1	4，0	3，3

YがC、D、Qの各戦略をとったときの、Xの利得を最大にする戦略

X＼Y	C	D	Q
C	3，3	0，4	1，1
D	4，0	1，1	0，4
Q	1，1	4，0	3，3

XがC、D、Qの各戦略をとったときの、Yの利得を最大にする戦略

X＼Y	C	D	Q
C	3，3	0，4	1，1
D	4，0	1，1	0，4
Q	1，1	4，0	3，3

したがって（Q，Q）が**ナッシュ均衡**となる。これは**パレート効率的な結果**（C，C）と同じ！

表7－2　量子囚人のジレンマ・ゲームの利得表

コラム⑦

ゲーム理論が教える割り勘の賢い方法

たとえば飲み会のあと、家の方向が近い者どうし３人が１台のタクシーに乗ったとします。それぞれの家を回り、最後の１人が降りるときに料金がいくらになるかはわかりません。こうした場合、きちんと料金を３人で割り勘にするには、それぞれいくら払えばいいでしょうか？　この問題にゲーム理論が提供してくれる答えは「逐次費用分担法」というものです。

Ａ、Ｂ、Ｃの順に降りるものとします。最初にＡが降りるときは、その時点での料金を３等分した金額を３人が出し、すべてＣが預かります。次にＢが降りるときは、その時点での料金とＣが預かっている金額の差額を２等分した額をＢが払い、Ｃに預けます。最後にＣが、２人から預かったお金に差額を追加して、料金を支払います。これが公平な割り勘の方法です。

たとえばＡが降りるときに1500円、Ｂが降りるときに2500円、Ｃが降りるときに4000円になるものとします。

まずＡが降りるとき、1500円÷３＝500円を３人が出し、Ｃに預けます。次にＢが降りるとき、2500円からＣが預かっている1500円を引いた1000円を２等分した金額、500円をＢがＣに預けます。最後にＣが降りるとき、預かっている金額に追加して最終的な料金4000円を払います。

結果として、３人が払った金額はＡが500円、Ｂが1000円、Ｃが2500円となっています。いかがでしょう。妥当な金額に感じられるでしょうか？　この方法は、３人で乗った区間は３等分、２人で乗った区間は２等分、１人で乗った区間は１人で負担するという公平な分担になっているのです。

エピローグ〜読書案内

『はじめてのゲーム理論』いかがだったでしょうか？　難しいと思われましたか？　それとも、もっとくわしく知りたいと思われたでしょうか？　もしそう思っていただけたら、とてもうれしいです。

このエピローグでは、本書を読まれた読者のみなさんがさらにくわしくゲーム理論を知るために役立つ本を紹介します。また、本書では取り扱うことのできなかった話題について触れている本も紹介したいと思います。

現在ではゲーム理論に関して膨大な数の書籍が刊行されていますので、そのすべてを取り上げるわけにはいきませんが、本書執筆のうえでも参考にしたもので、ゲーム理論の専門家によって書かれた比較的定番と思われるものを中心に選びました。

ゲーム理論の入門書

本書でも数学の利用は極力抑えて書きましたが、ほとんどまったく数学を用いないゲーム理論の入門書をまずご紹介しましょう。

（1）モートン・D・デービス『ゲームの理論入門』講談社ブルーバックス

（2）梶井厚志『戦略的思考の技術』中公新書

（3）アビナッシュ・ディキシット、バリー・ネイルバフ『戦略的思考とは何か―エール大学式「ゲーム理論」の発想法』阪急コミュニケーションズ

（4）松井彰彦『高校生からのゲーム理論』ちくまプリマ

ー新書

（5）ケン・ビンモア『ゲーム理論』（1冊でわかるシリーズ）岩波書店

（6）スティーブン・J・ブラムス『旧約聖書のゲーム理論―ゲーム・プレーヤーとしての神』東洋経済新報社

本書の前身ともいうべき古典的名著が（1）。草創期のゲーム理論やゲーム実験の姿を知るうえでも有益です。（2）（3）は現代的なゲーム理論を数多くの経済やビジネスの具体例で解説した名著。（4）（5）（6）はちょっと変わった視点からの入門書。しかし、いずれもゲーム理論の世界的権威によるもので、ゲーム理論の広がりを知ることができるでしょう。

ゲーム理論の教科書

次に、ある程度は数学が出てきても大丈夫な人のための体系的な教科書を紹介しましょう。ここでは、本書と同じく非協力ゲームを取り扱ったものをリストしました。本書ではほとんど取り上げなかった展開形ゲームや繰り返しゲーム、情報の非対称性（不完備情報）のもとでのゲーム理論などについては、これらの教科書でフォローしていただくとよいでしょう。

（1）武藤滋夫『ゲーム理論入門』日経文庫

（2）渡辺隆裕『ゼミナール　ゲーム理論入門』日本経済新聞出版社

（3）ロバート・ギボンズ『経済学のためのゲーム理論入門』創文社

（4）岡田章『ゲーム理論』有斐閣

（5）グレーヴァ香子『非協力ゲーム理論』知泉書館
（6）ハーバート・ギンタス『ゲーム理論による社会科学の統合』NTT出版

このなかで（1）（2）は比較的やさしくゲーム理論の体系を教えてくれる好著。（3）は経済学への応用例が豊富で、理論の説明も明快です。（4）（5）（6）はかなり本格的な教科書。とくに（5）（6）は比較的新しい話題まで取り入れられています。

ゲーム理論の応用

ここでは、教科書レベルの話から、より進んだ応用の話題を取り扱った本を紹介します。

（1）スティーブン・J・ブラムス、アラン・D・テイラー『公平分割の法則—誰もが満足する究極の交渉法』阪急コミュニケーションズ
（2）鈴木光男『新ゲーム理論』勁草書房
（3）中山幹夫、船木由喜彦、武藤滋夫『協力ゲーム理論』勁草書房
（4）ウィリアム・パウンドストーン『選挙のパラドクス—なぜあの人が選ばれるのか？』青土社
（5）ジョージ・G・スピロ『数と正義のパラドクス　頭の痛い数学ミステリー』青土社
（6）アラン・M・フェルドマン、ロベルト・セラーノ『厚生経済学と社会選択論』シーエーピー出版
（7）ジョン・クラーヴェン『社会的選択理論—集団の意思決定と個人の判断の分析枠組み』勁草書房
（8）佐伯胖『「きめ方」の論理—社会的決定理論への招

待』東京大学出版会
(9) アマルティア・セン『集合的選択と社会的厚生』勁草書房
(10) 坂井豊貴、藤中裕二、若山琢磨『メカニズムデザイン―資源配分制度の設計とインセンティブ』ミネルヴァ書房
(11) 坂井豊貴『マーケットデザイン入門―オークションとマッチングの経済学』ミネルヴァ書房
(12) 安田洋祐 編著『学校選択制のデザイン―ゲーム理論アプローチ』NTT出版
(13) ケン・スティグリッツ『オークションの人間行動学 最新理論からネットオークション必勝法まで』日経BP社
(14) ポール・ミルグロム『オークション 理論とデザイン』東洋経済新報社
(15) J・メイナード-スミス『進化とゲーム理論―闘争の論理』産業図書
(16) マーティン・ノワック『進化のダイナミクス 生命の謎を解き明かす方程式』共立出版
(17) デビッド・M・クレプス『ゲーム理論と経済学』東洋経済新報社
(18) ショーン・P・ハーグリーブズ・ヒープ、ヤニス・ファロファキス『ゲーム理論 批判的入門』多賀出版
(19) 川越敏司『実験経済学』東京大学出版会
(20) 川越敏司『行動ゲーム理論入門』NTT出版

このなかで（1）（2）（3）は、公平分割、遺産分割な

どの協力ゲームを取り扱った本です。（4）（5）は選挙にまつわる様々な問題が扱われています。（6）（7）（8）（9）は、アローやギバード＝サタースウェイトの不可能性定理などの社会選択論に関する本です。(10) (11) (12) はメカニズム・デザインに関する本です。(13) (14) はメカニズム・デザインの応用としても重要なオークションに関するゲーム理論の本です。(15) (16) は進化ゲームに関する本です。(17) (18) はゲーム理論の問題点を哲学的に検討した本です。(19) (20) は実験室実験を通じて明らかになってきたゲーム理論の問題点を改善するために提案されている、行動ゲーム理論や実験経済学の理論を紹介しています。

古典・伝記

最後に、ゲーム理論を創始したフォン・ノイマンや、草創期のゲーム理論を基礎づけたジョン・ナッシュ、トーマス・シェリングの古典的著作を紹介します。

（1）J・フォン・ノイマン、O・モルゲンシュテルン『ゲームの理論と経済行動』（全3巻）ちくま学芸文庫
（2）ウィリアム・パウンドストーン『囚人のジレンマ―フォン・ノイマンとゲームの理論』青土社
（3）ノーマン・マクレイ『フォン・ノイマンの生涯』朝日選書
（4）H・W・クーン、S・ナサー 編『ナッシュは何を見たか―純粋数学とゲーム理論』シュプリンガー・フェアラーク東京
（5）シルヴィア・ナサー『ビューティフル・マインド 天

才数学者の絶望と奇跡』新潮社
（6）トーマス・シェリング『紛争の戦略―ゲーム理論のエッセンス』勁草書房

（1）こそ、すべてのはじまりを記した古典中の古典。（2）（3）は20世紀最大の科学者と呼ばれるフォン・ノイマンの伝記。（2）はゲーム理論入門としても最適。（4）はジョン・ナッシュの論文を翻訳したもの。ナッシュ均衡の進化ゲーム的解釈を示した貴重な博士論文も翻訳されています。（5）はナッシュの伝記。（6）は協調問題における焦点の役割を発見したトーマス・シェリングの主著です。

あとがき

こうして書き上げてみると、いろいろな話題を詰め込みすぎたのではないかとあらためて危惧しています。読者のみなさんが消化不良を起こしてしまっているのではないかと心配です。

でも、いま本書を読み終えたみなさんには、ナッシュ均衡とパレート効率性という２つのキーワードと、ゲーム理論が現実社会の問題解決にメカニズム・デザイン論という形で取り組んでいること、これらを覚えていただいていれば、まずは十分です。個々のゲームの解をどのように求めればよいのかについては、本書を繰り返し読んでいただくか、エピローグに挙げた参考文献にさらに手を伸ばしていただければと思います。

ゲーム理論を学ぶことの醍醐味は、それによって人間を知り、人を動かし、社会を変える力を身につけることができる点にあります。ゲーム理論を知れば、社会を変えられる。わたしが研究を続けていく原動力も、実はその確信から得ています。本書が、日々の生活のなかでみなさんがゲーム理論を生かす助けになれば、まことに幸いです。

また、こうして振り返ってみると、ゲーム理論の広がりの大きさをあらためて感じます。本書では十分に取り上げることはできませんでしたが、心理学、政治学、脳科学、人工知能、生物学、物理学と、ゲーム理論が応用されている分野はどんどん広がっています。やがてゲーム理論は、これらの学問をつなぐ共通言語になるかもしれません。

まだまだ遠い将来のことかもしれませんが、文系・理系の壁を乗り越えて、すべての人がゲーム理論を使って語り合う未来社会を思い描いてみると、ますますゲーム理論を勉強したいという思いが深まっていきませんか？　本書を通じて、わたしのそういう気持ちがみなさんに伝わり、みなさんの中から将来、分野を問わずゲーム理論研究を志す方が生まれてくれれば、これに過ぎる喜びはありません。

最後に、本書の企画から編集に至るまで、講談社の山岸浩史氏にはお世話になりました。いつも会うたびに将棋談義に花を咲かせて、一向に本書の企画が進められないときもしばしばでしたが、いまとなっては楽しい思い出です。

2012年７月

Soli Deo Gloria

巻末付録

ここでは、本文中では煩雑になるため触れなかった計算の根拠や証明を記します。数学的な計算や推論がある程度は必要ですが、いずれも高校数学の範囲で理解可能です。

【第2章：混合戦略のナッシュ均衡】

ある混合戦略の組がナッシュ均衡であるためには、相手がその混合戦略を選ぶという前提のもとで、自分の混合戦略の中で用いるどの純戦略についても、その期待利得が等しくなければなりません。このことを示します。

簡略化のため、アリスは純戦略A、Bを確率p、$1-p$で選び、ボブは純戦略C、Dを確率q、$1-q$で選ぶことが混合戦略のナッシュ均衡になっているとします（ただし$p>0$、$q>0$とします）。

ここで、ボブが純戦略C、Dを確率q、$1-q$で選ぶという前提のもとでは、アリスは純戦略Aを用いたほうが純戦略Bを用いるよりも期待利得が高いと仮定します。

このときアリスは純戦略Aをより頻繁に用いることで、期待利得を増やすことができます。実際、アリスが期待利得を最大化しようと思ったら100%の確率で純戦略Aを用いたほうがいいでしょう。つまり、$p=1$とすべきです。

ところが、前提から、アリスは純戦略A、Bの両方を確率p、$1-p$（$p>0$）で混ぜて用いることがナッシュ均衡、すなわち最適戦略であるはずなので、これは矛盾です。

よって、アリスにとって純戦略Aを用いたほうが純戦略Bを用いるよりも期待利得が高いという仮定は誤りということがわかります。こうして、両者の期待利得は等しくなければならないことが証明できました。

【第３章：相関均衡の計算】

２人のプレーヤーにとって、ルールＲにもとづく第三者の指示に従うことが相関均衡になることを示しましょう。

ここで注意してほしいのは、調停者である第三者がサイコロの目に従って各プレーヤーに指示を出すとき、そのプレーヤーがプレーすべき戦略について「個別に」指示を出すということです。つまり各プレーヤーは、相手プレーヤーにどのような指示が出されているかは、自分に与えられた指示とルールＲから推論するしかありません。

そこで、相手がルールＲに従うという想定のもとで、自分にとってもルールＲに従って指示された戦略を選ぶことが最適になっているかどうかチェックする必要があります。

まず、サイコロの目が１か２のとき、ルールＲに従えば、プレーヤー１にはＧを選ぶよう指示が出ます。このとき、ルールＲに従うなら、プレーヤー２にＧを選ぶよう指示が出ている確率は０で、Ｓを選ぶように指示が出ている確率は$\frac{1}{3}$であることをプレーヤー１は知っています。プレーヤー２がこの確率で行動するという想定下で、第三者の指示に従ってプレーヤー１がＧを選んだときの期待利得は$0\times0+\left(\frac{1}{3}\right)\times4=\frac{4}{3}$なのに対して、指示に従わずＳを選んだときの期待利得は$0\times1+\left(\frac{1}{3}\right)\times3=1$となります。したがって、プレーヤー１にとっては第三者の指示に従ってＧを選ぶことが最適であることがわかります。

同様に、サイコロの目が１か２のとき、ルールＲに従えば、プレーヤー２にはＳを選ぶように指示が出ます。このとき、ルールＲに従うなら、プレーヤー１にＧを選ぶよう指示が出ている確率もＳを選ぶように指示が出ている確率もともに$\frac{1}{3}$であることをプレーヤー２は知っています。プレーヤー１がこの確率で行動するという想定下で、第三者の指示に従ってプレーヤー２がＳを選んだときの期待利得は（$(\frac{1}{3})\times 1+(\frac{1}{3})\times 3=\frac{4}{3}$で、指示に従わずにＧを選んだときの期待利得は$(\frac{1}{3})\times 0+(\frac{1}{3})\times 4=\frac{4}{3}$です。したがってプレーヤー２にとってはＧもＳも最適なので、プレーヤー２も第三者の指示に従うことになります（ゲーム理論ではこの場合のＧとＳのようにプレーヤーにとって複数の戦略が無差別の場合、どちらも最適であると考えます）。

サイコロがほかの目を出した場合も、同様に考えて、２人ともルールＲにもとづく第三者の指示に従って戦略を選ぶことが最適であるとわかります。

つまり、このルールＲに従うことは２人にとって最適になります。これを相関均衡というのです。

相関均衡ではプレーヤー１と２の選択にルールＲを介して相関が生じる可能性があります。言い換えれば、独立ではない可能性があります。実際、チキン・ゲームにおいてプレーヤー１と２がＧをそれぞれ確率p、qで選ぶとすると、ルールＲに従えば結果（G, G）が実現する確率は０でなければならないので、２人の選択が独立であるかぎり$pq=0$でなければなりません。これより$p=0$または$q=0$となります。このとき、結果（G, S）は確率$p(1-q)$で生じ、結果（S, G）は確率$(1-p)q$で生じることになりますが、$p=0$または$q=0$より、そのどちらかが０にならなければなりません。ところがルールRに従えば、結果（G, S）と（S, G）が実現する確率はともに$\frac{1}{3}$でなければならないので、矛盾が生じます。よって相関均衡における各プレーヤーの戦略選択は独立ではないことがわかります。

最後に、ルールRによって実現する結果が、相関均衡の中で両プレーヤーの期待利得の和を最大にするものであることは、つぎのように示すことができます。

まず、あるルールによって、チキン・ゲームにおける結果（G, G）が指示される確率をp_{GG}、結果（G, S）が指示される確率をp_{GS}、結果（S, G）が指示される確率をp_{SG}、結果（S, S）が指示される確率をp_{SS}とします。これらの確率の組（P_{GG}, P_{GS}, P_{SG}, P_{SS}）を「相関均衡を導くルール」と呼びます。確率の規則として、これらの確率の和は1でなければなりません。よって、

（1）$P_{GG}+P_{GS}+P_{SG}+P_{SS}=1$

また、確率の組（P_{GG}, P_{GS}, P_{SG}, P_{SS}）で与えられるルールに従うことが相関均衡であるためには、次の不等式が成立する必要があります。

（2）$0\cdot P_{GG}+4\cdot P_{GS}\geq 1\cdot P_{GG}+3\cdot P_{GS}$

（3）$1\cdot P_{SG}+3\cdot P_{SS}\geq 0\cdot P_{SG}+4\cdot P_{SS}$

（4）$0\cdot P_{GG}+4\cdot P_{SG}\geq 1\cdot P_{GG}+3\cdot P_{SG}$

（5）$1\cdot P_{GS}+3\cdot P_{SS}\geq 0\cdot P_{GS}+4\cdot P_{SS}$

最初の不等式（2）は、ルールに従ってGを選ぶことがプレーヤー1に指示されたとき、1にとってGを選ぶことが最適であることを意味します。というのは、Gを選ぶことが1に指示されたとき、ルールに従うなら2はGを確率p_{GG}で、Sを確率p_{GS}で選ぶことになることを1は知ってい

ます。プレーヤー2がその確率で行動するという想定下で、1がGを選ぶときの期待利得（左辺）が、Sを選ぶ時の期待利得（右辺）と同じかそれより大きいことが式（2）の意味になるからです。

同様に、不等式（3）は、Sを選ぶことが1に指示されたとき、1にとってSを選ぶことが最適であることを、不等式（4）は、Gを選ぶことが2に指示されたとき、2にとってGを選ぶことが最適であることを、不等式（5）は、Sを選ぶことが2に指示されたとき、2にとってGを選ぶことが最適であることを、それぞれ意味します。

したがって不等式（1）から（5）を同時に満たす確率の組（$P_{GG}, P_{GS}, P_{SG}, P_{SS}$）はすべて相関均衡を導くルールになります。これらのルールのうち、各プレーヤーの期待利得の和を最大にするもの、すなわち、以下の値を最大にするものを求めると、それがルールRになります。

$$(6)\quad E=(0\cdot P_{GG}+4\cdot P_{GS}+1\cdot P_{SG}+3\cdot P_{SS})+(0\cdot P_{GG}+1\cdot P_{GS}+4\cdot P_{SG}+3\cdot P_{SS})$$

このルールRの求め方は、線形の目的関数（6）を最大にするような値の組を、線形不等式の制約条件（1）～（5）のもとで求める線形計画問題になっています。この問題は単体法などの線形計画法アルゴリズムによって解くことができます（表計算ソフトで解く例は拙著『行動ゲーム理論入門』第6章を参照してください）。

【第6章：アローの不可能性定理の証明】

まず、以下の補助定理を証明しておきます。

〈補助定理〉

Ａさんと Ｂさんの２人の場合を考えます。選択肢x、yについて、Ａさんはxをyよりも好み、Ｂさんはyをxよりも好んでいるとします。このとき、社会的選好においてxがyよりも好まれる結果になるときは、Ａさんが独裁者になります。

〈補助定理の証明〉

任意の選択肢w、zを選ぶと、Ａさんはwをzよりも好んでいると仮定します。このとき、社会的選好においてもwをzよりも好む結果になることを示します。

もし、ここでＢさんもＡさんと同様にwをzよりも好むならば、アローの仮定２の「全員一致の原則」から、社会的選好においてwがzよりも好まれる結果になります。よって、Ａさんの好みと社会的選好は一致します。

反対に、ＢさんがＡさんとは違ってzをwよりも好むとします。このとき、定理の前提条件では、Ａさんはxをyよりも好み、Ｂさんはyをxより好むとなっていたことを思い出すと、ちょうどxとw、yとzが対応関係にあることがわかります。そこで仮定３の「中立性」より、社会的選好においてxがyよりも好まれる結果になるときは、wがzよりも好まれる結果にならなければなりません。よって、Ａさんの好みと社会的選好は一致します。

したがって、いずれの場合にも任意の選択肢w、zについて、Ａさんの好みと社会的選好はつねに一致するので、Ａさんは独裁者であることになります（証明終わり）。

〈アローの不可能性定理の証明〉

この補助定理を使うことで、アローの不可能性定理を証明することができます。

Ａさんと Ｂさんの２人の場合を考えます。アローの仮定１から４を満足するような社会的選好を生み出す投票制度は、仮定５とは矛盾します。

まず、ＡさんもＢさんもxをyよりも好んでいると仮定します（もしそうでないなら、補助定理からどちらかが独裁者になります）。このとき、仮定２の「全員一致の原則」から、xとy間については、社会的選好においてxがyよりも好まれる結果になります。

次に仮定４の「多様な選好」から、このときには、xとz間およびyとz間については２人の好みが分かれるような選択肢x、y、zが存在します。たとえばＡさんはxをzより好むが、Ｂさんはzをxより好んでいるとします。

ここで、（１）もし社会的選好においてxがzよりも好まれる結果になるならば、さきほどの補助定理から、Ａさんは独裁者になります（補助定理におけるx、yをここでのx、zに置き換えてみればよい）。

逆に、（２）もし社会的選好においてzがxよりも好まれる結果になるならば、今度はＢさんが独裁者になります（補助定理において、ＡさんとＢさんの立場を入れ替え、x、yをここでのz、xに置き換えてみればよい）。

そこで、（３）いずれの場合も都合が悪いので、社会的選好においてはxとzの優劣はつけられず、同順位だとします。すると、社会的選好においてxがyよりも好まれるという結果と、xとzは同等であることから、社会的選好においてzがyよりも好まれるという結果が導かれます。

しかし、仮定４の「多様な選好」より、yとz間についてはＡさんとＢさんとの間で意見の不一致があるはずです。たとえばＡさんはyをzより好み、Ｂさんはzをyよりも好むものとします。すると社会的選好においてzがyよりも好まれるという結果と補助定理から、Ｂさんが独裁者になってしまいます。

したがって、xとz間について社会的選好がどのようなものであろうとも、必ず独裁者が存在することがわかります。これでアローの定理が証明できました（証明終わり）。

【第７章：量子力学的戦略の計算】

上向き（Ｕ）または下向き（Ｄ）の電子の状態を表す２つの基底ベクトルを

$$U=\begin{pmatrix}1\\0\end{pmatrix},\ D=\begin{pmatrix}0\\1\end{pmatrix}$$

とします。この電子に対するＦとＮという戦略は、それぞれ次のような行列で表すことができます。

$$F=\begin{pmatrix}0&1\\1&0\end{pmatrix},\ N=\begin{pmatrix}1&0\\0&1\end{pmatrix}$$

実際、電子が上向き（Ｕ）および下向き（Ｄ）の状態のときにＦを適用すると、それぞれ次のようになりますので、確かにＦはスピンの向きを変える操作になっていることがわかります。

$$FU=\begin{pmatrix}0&1\\1&0\end{pmatrix}\begin{pmatrix}1\\0\end{pmatrix}=\begin{pmatrix}0\cdot1+1\cdot0\\1\cdot1+0\cdot0\end{pmatrix}=\begin{pmatrix}0\\1\end{pmatrix}=D$$

$$FD=\begin{pmatrix}0&1\\1&0\end{pmatrix}\begin{pmatrix}0\\1\end{pmatrix}=\begin{pmatrix}0\cdot0+1\cdot1\\1\cdot0+0\cdot1\end{pmatrix}=\begin{pmatrix}1\\0\end{pmatrix}=U$$

また、同様にして、電子が上向き（Ｕ）および下向き

（D）の状態のときにNを適用すると、それぞれ次のようになりますので、確かにNはスピンの向きを変えない操作になっていることがわかります。

$$\mathrm{NU}=\begin{pmatrix}1 & 0\\ 0 & 1\end{pmatrix}\begin{pmatrix}1\\ 0\end{pmatrix}=\begin{pmatrix}1\cdot 1+0\cdot 0\\ 0\cdot 1+1\cdot 0\end{pmatrix}=\begin{pmatrix}1\\ 0\end{pmatrix}=\mathrm{U}$$

$$\mathrm{ND}=\begin{pmatrix}1 & 0\\ 0 & 1\end{pmatrix}\begin{pmatrix}0\\ 1\end{pmatrix}=\begin{pmatrix}1\cdot 0+0\cdot 1\\ 0\cdot 0+1\cdot 1\end{pmatrix}=\begin{pmatrix}0\\ 1\end{pmatrix}=\mathrm{D}$$

次に、確率pでFを、確率$1-p$でNを選ぶピカードの混合戦略Mは、

$$\mathrm{M}=\begin{pmatrix}1-p & p\\ p & 1-p\end{pmatrix}$$

という行列で表すことができます。実際、はじめに電子のスピンが上向き（U）であるときにMを用いると

$$\mathrm{MU}=\begin{pmatrix}1-p & p\\ p & 1-p\end{pmatrix}\begin{pmatrix}1\\ 0\end{pmatrix}=\begin{pmatrix}1-p\\ p\end{pmatrix}$$

$$=(1-p)\begin{pmatrix}1\\ 0\end{pmatrix}+p\begin{pmatrix}0\\ 1\end{pmatrix}=(1-p)\mathrm{U}+p\mathrm{D}$$

となり、電子は確率$1-p$で上向き（U）、確率pで下向き（D）の状態になることがわかります。

一方、Qは次のアダマール行列Hで表される量子力学的戦略を用いるとします。これは、

$$\mathrm{H}=\frac{1}{\sqrt{2}}\begin{pmatrix}1 & 1\\ 1 & -1\end{pmatrix}$$

という行列で表すことができます。はじめに電子のスピンが上向き（U）であるときにQがHを用いると、

$$\mathrm{HU}=\frac{1}{\sqrt{2}}\begin{pmatrix}1 & 1\\ 1 & -1\end{pmatrix}\begin{pmatrix}1\\ 0\end{pmatrix}=\frac{1}{\sqrt{2}}\begin{pmatrix}1\\ 1\end{pmatrix}$$

$$= \frac{1}{\sqrt{2}}\begin{pmatrix}1\\0\end{pmatrix} + \frac{1}{\sqrt{2}}\begin{pmatrix}0\\1\end{pmatrix} = \frac{1}{\sqrt{2}}\mathrm{U} + \frac{1}{\sqrt{2}}\mathrm{D}$$

となり、電子は確率$\frac{1}{\sqrt{2}}$で上向き（U）、確率$\frac{1}{\sqrt{2}}$で下向き（D）の状態になることがわかります。

Qによる選択のあと、ピカードがこの状態HUに対して任意の混合戦略Mを用いると（厳密にはMは量子ゲームでの戦略が持つべき数学的条件を満たしていませんが）、

$$\begin{aligned}\mathrm{MHU} &= \frac{1}{\sqrt{2}}\begin{pmatrix}1-p & p\\ p & 1-p\end{pmatrix}\begin{pmatrix}1\\0\end{pmatrix}\\ &+ \frac{1}{\sqrt{2}}\begin{pmatrix}1-p & p\\ p & 1-p\end{pmatrix}\begin{pmatrix}0\\1\end{pmatrix}\\ &= \frac{1}{\sqrt{2}}\begin{pmatrix}1-p\\ p\end{pmatrix} + \frac{1}{\sqrt{2}}\begin{pmatrix}p\\ 1-p\end{pmatrix}\\ &= \frac{1}{\sqrt{2}}\begin{pmatrix}1\\1\end{pmatrix} = \mathrm{HU}\end{aligned}$$

となり、ピカードによる混合戦略Mの適用は、確率pがどんな値であろうとも、電子の状態をHUのまま変えないことがわかります。最後に、Qが再びHを用いると、

$$\begin{aligned}\mathrm{HMHU} = \mathrm{HHU} &= \frac{1}{2}\begin{pmatrix}1 & 1\\ 1 & -1\end{pmatrix}\begin{pmatrix}1\\1\end{pmatrix} = \frac{1}{2}\begin{pmatrix}2\\0\end{pmatrix} = \begin{pmatrix}1\\0\end{pmatrix}\\ &= \mathrm{U}\end{aligned}$$

となり、電子は上向き（U）になることがわかります。

【第７章：量子囚人のジレンマの均衡計算】

量子ゲームは次の手順に従って進められます。

はじめに、各プレーヤーが操作する電子の状態をそれぞれ初期状態ψ_0に設定します。次に、それぞれの電子は量

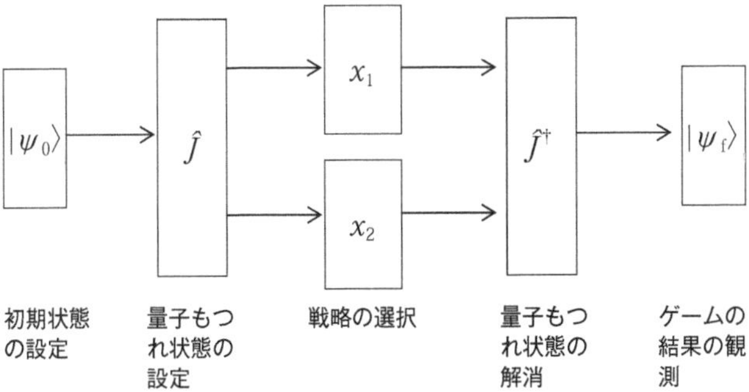

図A　量子ゲームの手順

子もつれ装置による変換$\hat{J}$によって量子もつれ状態にされます。そのあと各プレーヤーは自分が操作できる電子に対して量子力学的戦略x_1, x_2を適用します。その後、量子もつれ装置による逆変換$\hat{J}^\dagger$によって量子もつれ状態が解消されると、ゲームの結果が観測されることになります。この手順を示したのが図Aです。

以下に、この各手順の詳細を説明していきます。

〈ステップ1　初期状態の設定〉

量子囚人のジレンマ・ゲームでは、まず上向きと下向き、2つの電子の状態をそれぞれ$|0\rangle$および$|1\rangle$というケット・ベクトルで表記し、それをそれぞれ囚人のジレンマにおける純戦略C, Dに対応させます。純戦略のゲームの結果は、それぞれのプレーヤーが選ぶ戦略を表すケット・ベクトルの（⊗で表される）テンソル積となり、次のように表されます。

$(C, C) \sim |0\rangle \otimes |0\rangle = |00\rangle$,　$(C, D) \sim |0\rangle \otimes |1\rangle = |01\rangle$

(D，C)〜 $|1\rangle \otimes |0\rangle = |10\rangle$，　(D，D)〜 $|1\rangle \otimes |1\rangle = |11\rangle$

ゲームを始める前の電子の初期状態 ψ_0 は、両プレーヤーともにCに設定されますので、次のようになります。

$$\psi_0 = |00\rangle$$

量子ゲームでよく用いられるテンソル積とは、次のようなものです。ベクトル $|u\rangle = \begin{pmatrix} a \\ b \end{pmatrix}$，$|v\rangle = \begin{pmatrix} c \\ d \end{pmatrix}$ について、そのテンソル積 $|uv\rangle$ は

$$|uv\rangle = |u\rangle \otimes |v\rangle = \begin{pmatrix} a \\ b \end{pmatrix} \otimes \begin{pmatrix} c \\ d \end{pmatrix} = \begin{pmatrix} a \cdot v \\ b \cdot v \end{pmatrix} = \begin{pmatrix} ac \\ ad \\ bc \\ bd \end{pmatrix}$$

また、行列 $\begin{pmatrix} a & c \\ b & d \end{pmatrix}$ と行列 $\begin{pmatrix} \mathrm{x} & \mathrm{z} \\ \mathrm{y} & \mathrm{w} \end{pmatrix}$ のテンソル積は

$$\begin{pmatrix} a & c \\ b & d \end{pmatrix} \otimes \begin{pmatrix} x & z \\ y & w \end{pmatrix} = \begin{pmatrix} \mathrm{a}\begin{pmatrix} x & z \\ y & w \end{pmatrix} & \mathrm{c}\begin{pmatrix} x & z \\ y & w \end{pmatrix} \\ \mathrm{d}\begin{pmatrix} \mathrm{x} & \mathrm{z} \\ \mathrm{y} & \mathrm{w} \end{pmatrix} & \mathrm{d}\begin{pmatrix} \mathrm{x} & \mathrm{z} \\ \mathrm{y} & \mathrm{w} \end{pmatrix} \end{pmatrix}$$

$$= \begin{pmatrix} \mathrm{ax} & \mathrm{az} & \mathrm{cx} & \mathrm{cz} \\ \mathrm{ay} & \mathrm{aw} & \mathrm{cy} & \mathrm{cw} \\ \mathrm{bx} & \mathrm{bz} & \mathrm{dx} & \mathrm{dz} \\ \mathrm{by} & \mathrm{bw} & \mathrm{dy} & \mathrm{dw} \end{pmatrix}$$

ゲームの初期状態は、$|0\rangle = \begin{pmatrix} 1 \\ 0 \end{pmatrix}$ をC、$|1\rangle = \begin{pmatrix} 0 \\ 1 \end{pmatrix}$ をDと同一視すると、次のようになっています。

$$\psi_0 = |00\rangle = |0\rangle \otimes |0\rangle = \begin{pmatrix} 1 \\ 0 \end{pmatrix} \otimes \begin{pmatrix} 1 \\ 0 \end{pmatrix} = \begin{pmatrix} 1 \\ 0 \\ 0 \\ 0 \end{pmatrix}$$

したがって、純戦略のゲームの結果は次のように表されます。

$$(\mathrm{C,C}) \sim |00\rangle = \begin{pmatrix}1\\0\end{pmatrix}\otimes\begin{pmatrix}1\\0\end{pmatrix} = \begin{pmatrix}1\\0\\0\\0\end{pmatrix}$$

$$(\mathrm{C,D}) \sim |01\rangle = \begin{pmatrix}1\\0\end{pmatrix}\otimes\begin{pmatrix}0\\1\end{pmatrix} = \begin{pmatrix}0\\1\\0\\0\end{pmatrix}$$

$$(\mathrm{D,C}) \sim |10\rangle = \begin{pmatrix}0\\1\end{pmatrix}\otimes\begin{pmatrix}1\\0\end{pmatrix} = \begin{pmatrix}0\\0\\1\\0\end{pmatrix}$$

$$(\mathrm{D,D}) \sim |11\rangle = \begin{pmatrix}0\\1\end{pmatrix}\otimes\begin{pmatrix}0\\1\end{pmatrix} = \begin{pmatrix}0\\0\\0\\1\end{pmatrix}$$

〈ステップ２　量子もつれ状態の設定〉

次に、この初期状態ψ_0が量子もつれ装置による変換$\hat{J}$によって、もつれ状態が最大の量子もつれ状態にされます。この変換$\hat{J}$は次のように表されます。

$$\hat{J} = \frac{1}{\sqrt{2}}(I\otimes I + i\,\hat{\sigma}_x \otimes \hat{\sigma}_x)$$

ここで、Iは単位行列、$\hat{\sigma}_x$はパウリのスピン行列で、iは虚数単位です。なお、Iおよび$\hat{\sigma}_x$は、量子スピン合わせゲームにおけるNおよびFと同じものです。

単位行列およびパウリ・スピン行列はそれぞれ

$$I = \begin{pmatrix}1 & 0\\0 & 1\end{pmatrix},\quad \hat{\sigma}_x = \begin{pmatrix}0 & 1\\1 & 0\end{pmatrix}$$

なので、$\hat{J}$は次のように表されます。

$$\hat{J}=\frac{1}{\sqrt{2}}(I\otimes I+i\,\hat{\sigma}_x\otimes\hat{\sigma}_x)$$

$$=\frac{1}{\sqrt{2}}\left\{\begin{pmatrix}1&0\\0&1\end{pmatrix}\otimes\begin{pmatrix}1&0\\0&1\end{pmatrix}+i\begin{pmatrix}0&1\\1&0\end{pmatrix}\otimes\begin{pmatrix}0&1\\1&0\end{pmatrix}\right\}$$

$$=\frac{1}{\sqrt{2}}\begin{pmatrix}1&0&0&i\\0&1&i&0\\0&i&1&0\\i&0&0&1\end{pmatrix}$$

そこで、初期状態$|\psi_0\rangle=|00\rangle$に$\hat{J}$を作用させると、次のようになります。

$$\hat{J}\,|\psi_0\rangle=\frac{1}{\sqrt{2}}(|00\rangle+i|11\rangle)$$

つまり、$|00\rangle$と$|11\rangle$とが重ね合わさった状態になります。これは、ゲームの結果（C，C）と（D，D）がそれぞれ確率$\left|\frac{1}{\sqrt{2}}\right|^2=\frac{1}{2}$，$\left|\frac{i}{\sqrt{2}}\right|^2=\frac{1}{2}$で重ね合わせ状態になっていることを意味します。

〈ステップ3　量子的戦略の選択〉

このあと、各プレーヤーはそれぞれの操作する電子に対して、同時に量子力学的戦略を適用します。まず、古典的な純戦略C，Dはそれぞれ単位行列Iおよびパウリのスピン行列$\hat{\sigma}_x$として表されます。つまり、古典的な戦略C，Dはそれぞれ次のようになります。

$$\mathrm{C}\sim\begin{pmatrix}1&0\\0&1\end{pmatrix}=I,\quad \mathrm{D}\sim\begin{pmatrix}0&1\\1&0\end{pmatrix}=\hat{\sigma}_x$$

ここでは、さらにもう１つ、Qという量子力学的戦略をつけ加えます。

$$Q=\begin{pmatrix} i & 0 \\ 0 & -i \end{pmatrix}$$

各プレーヤーは、この戦略C、DおよびQのいずれかを同時に選びます。選んだ戦略はそのテンソル積をとって、量子もつれ状態にされた電子の状態$\hat{J}|\psi_0\rangle$に適用されます。

たとえばプレーヤー1がC、プレーヤー2がDを選んだ場合、その戦略のテンソル積は

$$(I\otimes\hat{\sigma}_x)=\begin{pmatrix} 1 & 0 \\ 0 & 1 \end{pmatrix}\otimes\begin{pmatrix} 0 & 1 \\ 1 & 0 \end{pmatrix}=\begin{pmatrix} 0 & 1 & 0 & 0 \\ 1 & 0 & 0 & 0 \\ 0 & 0 & 0 & 1 \\ 0 & 0 & 1 & 0 \end{pmatrix}$$

したがって、

$$(I\otimes\hat{\sigma}_x)\hat{J}|\psi 0\rangle=\frac{1}{\sqrt{2}}\begin{pmatrix} 0 & 1 & 0 & 0 \\ 1 & 0 & 0 & 0 \\ 0 & 0 & 0 & 1 \\ 0 & 0 & 1 & 0 \end{pmatrix}\begin{pmatrix} 1 \\ 0 \\ 0 \\ i \end{pmatrix}$$

$$=\frac{1}{\sqrt{2}}\begin{pmatrix} 0 \\ 1 \\ i \\ 0 \end{pmatrix}$$

となります。

〈ステップ4　量子もつれ状態の解消〉

最後に、量子もつれ装置による逆変換$\hat{J}^{\dagger}$によって量子もつれ状態が解かれると、ゲームの結果が観測されることになります。なお、ここで、量子もつれ状態を解く変換は

$$\hat{J}^{\dagger}=\frac{1}{\sqrt{2}}(I\otimes I-i\hat{\sigma}_x\otimes\hat{\sigma}_x)$$

と表されます。ここで、量子もつれ状態を解く変換$\hat{J}^{\dagger}$は$\hat{J}$と同様に計算できて、以下のようになります。

$$\hat{J}^{\dagger}=\frac{1}{\sqrt{2}}(I\otimes I-i\hat{\sigma}_{x}\otimes\hat{\sigma}_{x})$$

$$=\frac{1}{\sqrt{2}}\begin{pmatrix}1&0&0&-i\\0&1&-i&0\\0&-i&1&0\\-i&0&0&1\end{pmatrix}$$

これによって、ゲームの結果が計算できます。たとえばプレーヤー1がC、プレーヤー2がDを選んだ場合、

$$|\psi_{f}\rangle=\hat{J}^{\dagger}(I\otimes\hat{\sigma}_{x})\hat{J}|\psi_{0}\rangle$$

$$=\frac{1}{2}\begin{pmatrix}1&0&0&-i\\0&1&-i&0\\0&-i&1&0\\-i&0&0&1\end{pmatrix}\begin{pmatrix}0\\1\\i\\0\end{pmatrix}=\begin{pmatrix}0\\1\\0\\0\end{pmatrix}=|01\rangle$$

$$\sim(C,D)$$

そこで、各プレーヤーが用いる戦略C、DおよびQの組み合わせすべてについて、観測されるゲームの結果を計算してみます。

観測されるゲームの結果はケット・ベクトルで表され、その係数の2乗が、その状態が観測される確率になります。この場合、どの場合も確率1でいずれかの古典的な純戦略の組み合わせになります。結果を表に示します。

C対C：	$\hat{J}^{\dagger}(I\otimes I)\,\hat{J}|\,\psi_0\rangle = |00\rangle \sim (C, C)$
C対D：	$\hat{J}^{\dagger}(I\otimes \hat{\sigma}_x)\,\hat{J}|\,\psi_0\rangle = |01\rangle \sim (C, D)$
D対C：	$\hat{J}^{\dagger}(\hat{\sigma}_x\otimes I)\,\hat{J}|\,\psi_0\rangle = |10\rangle \sim (D, C)$
D対D：	$\hat{J}^{\dagger}(\hat{\sigma}_x\otimes \hat{\sigma}_x)\,\hat{J}|\,\psi_0\rangle = |11\rangle \sim (D, D)$
Q対C：	$\hat{J}^{\dagger}(Q\otimes I)\,\hat{J}|\,\psi_0\rangle = |11\rangle \sim (D, D)$
C対Q：	$\hat{J}^{\dagger}(I\otimes Q)\,\hat{J}|\,\psi_0\rangle = |11\rangle \sim (D, D)$
Q対D：	$\hat{J}^{\dagger}(Q\otimes \hat{\sigma}_x)\,\hat{J}|\,\psi_0\rangle = |10\rangle \sim (D, C)$
D対Q：	$\hat{J}^{\dagger}(\hat{\sigma}_x\otimes Q)\,\hat{J}|\,\psi_0\rangle = |01\rangle \sim (C, D)$
Q対Q：	$\hat{J}^{\dagger}(Q\otimes Q)\,\hat{J}|\,\psi_0\rangle = -|00\rangle$

この結果からまずわかることは、プレーヤーが古典的戦略C、Dをプレーするかぎり、その結果は古典的なゲーム理論における結果と同じになるということです。たとえばC対Dならば、やはりゲームの結果は（C，D）になります。

興味深いのは、量子的戦略Qが関わってくる場合です。CやDといった古典的戦略との対戦を考えると、量子戦略Qは、相手の戦略がCならばそれをDに、DならばCに変えたうえで、自分はDをプレーするということになっています。たとえばQ対Dの場合、ゲームの結果は（D，C）になっています。また、Qどうしが対戦する場合は、お互いにCをプレーするようになっています。

これらの結果から生じる利得の組み合わせを利得表にまとめると、本文の表7－2のようになります。

参考文献

【プロローグ】

ツェルメロによるチェスの必勝法の存在「証明」については、川越敏司『行動ゲーム理論入門』(NTT出版) の第1章にくわしい説明があります。

アメリカ連邦通信委員会による周波数オークションについては、実際に制度設計にかかわったゲーム理論家ポール・ミルグロムによる『オークション　理論とデザイン』(東洋経済新報社) の第1章にその経緯が書かれています。この本は非常に専門的な内容なので、オークション理論についてくわしく知りたい読者には、よりやさしく書かれたケン・スティグリッツ『オークションの人間行動学　最新理論からネットオークション必勝法まで』(日経BP社) をおすすめします。

研修医の病院への配属を巡る問題はマッチング理論と呼ばれます。『ゲーム理論で解く』(有斐閣) の第6章、戸田学「『恋愛・就職・結婚』をゲーム理論で解く」が、その経緯も含めてやさしく書かれているのでおすすめです。

【第2章】

混合戦略に関して取りあげた野球やテニスの例は、ディキシットとネイルバフの『戦略的思考とは何か—エール大学式「ゲーム理論」の発想法』(阪急コミュニケーションズ) から採りました。このテニスの例に刺激を受けてプロ・テニストーナメントのデータを調べた研究はWalker, M. and J. Wooders (2001) "Minimax Play at Wimbledon," *American Economic Review* 91, 1521-38.です。また、サッカーのPKキックのデータを用いて混合戦略を検証した研究は、Palacios-Huerta, I. (2003) "Professionals Play Minimax," *Review of Economic Studies* 70, 395-415.です。なお、これらの研究の概略は、川越敏司『行動ゲーム理論入門』(NTT出版) の第2章に説明があります。

【第３章】

焦点については、提唱者のトーマス・シェリングによる『紛争の戦略　ゲーム理論のエッセンス』（勁草書房）を参照しました。

相関均衡の具体的な計算方法については、川越敏司『行動ゲーム理論入門』（NTT出版）の第６章にくわしい説明があります。

【第４章】

煙突掃除の少年たちに関するユダヤ人の知恵については、Rabbi Joseph Telushkin（1992）*Jewish Humor: What the Best Jewish Jokes Say About the Jews,* Perennial, p.47-50.を参照しました。

帽子のパズルについては、マーチン・ガードナー『落とし戸暗号の謎解き』（丸善）の第３章「数学的帰納法と色つき帽子」を主に参考にしました。帽子のパズルとゲーム理論における共有知識の問題に関しては、内容がかなり難しいのですが、Ken Binmore（1992）*Fun and Games,* D. C. Heath and Companyの第10章にくわしい説明があります。なお、同じケン・ビンモアによる入門書『ゲーム理論』（岩波書店）の第10章には非常に簡略化された説明があります。

全知のパラドックスについては、Brams, S. J.（1983）*Superior Beings: If They Exist, How Would We Know?* Springer-Verlagの第３章を参照しました。ここにはニューカムのパラドックスのことや、囚人のジレンマとの関係も書かれています。

ニューカムのパラドックスの説明に関しては、以下のノージックの原論文を主に参照しました。

Nozick, Robert（1969）"Newcomb's Problem and Two principles of Choice," in *Essays in Honor of Carl G. Hempel,* ed. Nicholas Rescher, Synthese Library（Dordrecht, the Netherlands: D. Reidel）, p. 114-115

ほかにウィリアム・パウンドストーン『パラドックス大全』（青土社）やR. M.セインズブリー『パラドックスの哲学』（勁草

書房）にもニューカムのパラドックスを扱った章があります。ちなみに、わたしがニューカムのパラドックスを知ったのは、ずいぶん昔にマーチン・ガードナーの『aha! Gotcha ゆかいなパラドックス』第1巻（日経サイエンス社）を読んだときです。

ニューカムのパラドックスに関する心理学的ゲーム理論による解決については、以下を参照しました。

Geanakoplos, J.（1996）"The Hangman's Paradox and Newcomb's Paradox as Psychological Games," Cowles Foundation Discussion Paper No. 1128.

ここで用いられている心理学的ゲームに関する最初の研究は以下です。

Geanakoplos, J., D. Pearce and E. Stacchetti（1989）"Psychological Games and Sequential Rationality," *Games and Economic Behavior*, 1, 60-79.

心理学的ゲームはかなり難解な理論ですが、これを用いて互恵性や罪意識の問題を扱った研究については、川越敏司『実験経済学』（東京大学出版会）の第4章や川越敏司『行動ゲーム理論入門』（NTT出版）の第4章に原論文をもう少しわかりやすくした説明があります。

【第5章】

ケーキカットについては、ブラムスとテイラーによる『公平分割の法則』（TBSブリタニカ）に豊富な例とともにやさしく解説されています。よりくわしく知りたい人には、同じ著者による以下の本があります。

Brams, S. J. and A. D. Taylor（1996）*Fair Devision: From Cake-cutting To Dispute Resolution*, Cambirdge University Press.

ソロモン王のジレンマについては、Corchon, L.C.（1996）: *The Theory of Implementation of Socially Optimal Decisions in Economics*, St. Martin's Press.の第4章付録、およびOsborne, M.

J. and A. Rubinstein（1994）*A Course in Game Theory*, The MIT Pressの第10章を参照しました。

【第６章】

投票制度の問題に関する研究全般については、ジョージ・G・スピロ『数と正義のパラドクス　頭の痛い数学ミステリー』（青土社）、ウィリアム・パウンドストーン『選挙のパラドクス　なぜあの人が選ばれるのか？』（青土社）、ジェイムズ・D・スタイン『不可能、不確定、不完全』（早川書房）の12、13章などが参考になると思います。

議席割当問題については、中心的な研究者であるバリンスキーとヤングによる、Balinski, M. L. and H. P. Young（2001）*Fair Representatin: Meeting the Ideal of One Man, One Vote*, Second Edition, Brookings Institution Press（抄訳は『公正な代表制　ワン・マン－ワン・ヴォートの実現を目指して』（千倉書房））を参照しましたが、説明に当たっては、ヤングによる簡略化された説明（Young, H. P.（1994）*Equity: In Theory and Practice*, Princeton University Pressの第３章）を用いました。

チャールズ・ドジソンの点数投票方式については、その原文がMcLean, I. and A. B. Urken eds.（1995）*Classics of Social Choice*, The University of Michigan PressおよびBlack D.（1958/1998）*The Theory of Commitees and Elections*, Kluwer Academic Publishersに再録されています。その内容の概略については、細井勉『ルイス・キャロル解読　不思議の国の数学ばなし』（日本評論社）第３章やロビン・ウィルソン『数の国のルイス・キャロル』（ソフトバンク・クリエイティブ社）第６章に記されています。

アローの不可能性定理やギバード＝サタースウェイトの不可能性定理については、フェルドマンとセラーノによる『厚生経済学と社会選択論』（シーエーピー出版）に、非常にわかりやすい証明が記されています。この２つの定理をほぼ同一の方法で並行的に導き出す簡単な方法はReny, P. J. (2001) "Arrow's Theorem and the Gibbard-Satterthwaite Theorem: A Unified Approach", *Economics Letters* 70, p.99-105.に記されています。

本書で採用したアローの不可能性定理の証明は、Feldman, A. M. and R. Serrano (2007) "Arrow's Impossibility Theorem: Two Simple Single-Profile Versions," Brown University Department of Economics Working Paper No. 2006-11を参考にしました。なお、専門的にいうと、これは、単一の選好の組に対してアローの仮定を満たす社会厚生関数は存在するかというバーグソン＝サムエルソン型の問題設定を考えています。

【第７章】

記録に残っている「ギャンブラーの錯誤」に関する最初の記述は、数学者ラプラスの『確率の哲学的試論』（内井惣七訳、岩波文庫、p.134）です。バスケットボールにおける「ホットハンド」現象については、これを最初に研究したギロヴィッチがその著書『人間　この信じやすきもの』（新曜社）の第２章で解説しています。

電子スピン合わせゲームについては、ピカードとQの例を含めて、原論文Meyer, D. A. (1999) "Quantum strategies." *Phys. Rev. Lett.* 82, 1052-1055.を参考にしました。

量子囚人のジレンマゲームについては、原論文は以下です。

Eisert, J., M. Wilkens and M. Lewenstein (1999) "Quantum games and quantum strategies." *Phys. Rev. Lett.* 83, 3077-3080

Eisert, J. and M. Wilkens (2000) "Quantum games." *J. Mod. Opt.* 47, 2543-2555.

また、以下も参照しました。

Grabbe, J. O. (2005) "An Introduction to quantum game theory." arXiv:quant-ph/0506219v1

さくいん

【あ行】

アダマール行列　180
アラバマ・パラドックス　141
(ケネス・) アロー　150
アローの不可能性定理　138,150,155
イカサマ　173
ウェブスター方式　142
オークション　12,136

【か行】

カウンティング　172
重ね合わせの状態　182
カット&チューズ法　13,117
疑似クォータ　142
期待利得　55
期待利得最大化の原理　104
ギバード=サタースウェイトの不可能性定理　138,160
(ルイス・) キャロル　159
ギャンブラーの錯誤　170
協調問題　72
協調の失敗　72
共有知識　90
協力の発生の問題　43,72,82
均衡　28
(アントワーヌ・オーギュスタン・) クールノー　23
クォータ　139
クォータ保持的割り当て方式　146
ケーキ・カットの問題　116
ゲーム・ツリー　54
ゲームの解　27
決定論　102
コーディネーションの問題　72
公平　116
衡平性　116
互恵性　110
五輪書　69
混合戦略　50,52,60
(マルキ・ド・) コンドルセ　150
コンドルセ・パラドックス　150

【さ行】

サンド・バッギング　51
ジアナコプロス　108
(トーマス・) ジェファーソン　139
(トーマス・) シェリング　74
自動車保険　96
支配された戦略　57
支配戦略の原理　103
社会選択関数　125
社会的選好　151
自由意思　103
囚人のジレンマ・ゲーム　40,86,183
シュレーディンガーの猫　182
純戦略　52,58
勝者の呪い　136
焦点　74
情報集合　55
情報の非対称性　112,123
人口パラドックス　146
除数　142
除数方式　143
進化ゲーム　14
心理学的ゲーム理論　108
(アマルティア・) セン　165
全員一致の原則　151
選好　138
全知のパラドックス　101
戦略形　55
戦略的操作　158
贈与交換ゲーム　110
相関均衡　78,83
ソロモン王のジレンマ　123

【た行】

(アルバート・) タッカー　40
単峰性　162
チキン・ゲーム　79,100
中立性　152
(エルンスト・) ツェルメロ　11
(ジェームス・) ディーン　79
(フィリップ・K・) ディック　22
テキサス・ホールデム　50
展開形　54
展開形ゲームの標準化　55
電子スピン合わせゲーム　174
点数投票制度　156
独裁制　150

（チャールズ・）ドジソン　159

【な行】

ナイフ移動法　117
（ジョン・）ナッシュ　27
ナッシュ均衡　15,27,28
２段階ゲーム　131
２人ゼロ和ゲーム　22
（ウィリアム・）ニューカム　101
ニューカムのパラドックス　101
ネット・オークション　136
（ロバート・）ノージック　101
（ジョン・フォン・）ノイマン　11,22,52

【は行】

パスカルの賭け　99
（アレクサンダー・）ハミルトン　139
ハミルトン方式　139
（マイケル・）バリンスキー　148
バリンスキー＝ヤングの不可能性定理　148
パレート効率的　39
パレート効率性　16,39,121
平等性　116
不確定性原理　178
不可能性定理　18,138
ブラックジャック　171
ブラフ　23,50
ポーカー　11,23,50
ボット　182
ホットハンド　170
（ジャン・シャルル・ド）ボルダ　157
ボルダ・ルール　157
（エミール・）ボレル　24,52

【ま行】

（ジョン・）マクドナルド　25
マスキンの単調性　128
ミニマックス解　22
ミニマックス定理　23
宮本武蔵　69
メカニズム・デザイン　18,116
（オスカー・）モルゲンシュテルン　24,52

【や行】

（ペイトン・）ヤング　148

【ら行】

利得　29
利得表　36
（ラモン・）リュイ　157
リベラル・パラドックス　165
量子ゲーム　14,129
量子コンピューティング　178
量子囚人のジレンマ・ゲーム　183
量子もつれ　185
量子もつれ装置　187
量子力学　178
量子力学的戦略　178

N.D.C.417.2　222p　18cm

ブルーバックス　B-1782

はじめてのゲーム理《り》論《ろん》

2つのキーワードで本質がわかる

2012年8月20日　第1刷発行
2025年6月17日　第6刷発行

著者　川越《かわごえ》敏《とし》司《じ》

発行者　篠木和久
発行所　株式会社講談社
〒112-8001 東京都文京区音羽2-12-21
電話　出版　03-5395-3524
販売　03-5395-5817
業務　03-5395-3615
印刷所　（本文表紙印刷）株式会社ＫＰＳプロダクツ
（カバー印刷）信毎書籍印刷株式会社
製本所　株式会社ＫＰＳプロダクツ

定価はカバーに表示してあります。

ISBN978-4-06-257782-3

発刊のことば

科学をあなたのポケットに

二十世紀最大の特色は、それが科学時代であるということです。科学は日に日に進歩を続け、止まるところを知りません。ひと昔前の夢物語もどんどん現実化しており、今やわれわれの生活のすべてが、科学によってゆり動かされているといっても過言ではないでしょう。

そのような背景を考えれば、学者や学生はもちろん、産業人も、セールスマンも、ジャーナリストも、家庭の主婦も、みんなが科学を知らなければ、時代の流れに逆らうことになるでしょう。

ブルーバックス発刊の意義と必然性はそこにあります。このシリーズは、読む人に科学的に物を考える習慣と、科学的に物を見る目を養っていただくことを最大の目標にしています。そのためには、単に原理や法則の解説に終始するのではなくて、政治や経済など、社会科学や人文科学にも関連させて、広い視野から問題を追究していきます。科学はむずかしいという先入観を改める表現と構成、それも類書にないブルーバックスの特色であると信じます。

一九六三年九月

野間省一